edition **+ plus**

Jesper Juul, Peter Lang

Einladung zur Integrität

*Wesentliches für Eltern und
Fachleute, die Menschen mögen*

Jesper Juul, Peter Lang
Einladung zur Integrität

Wesentliches für Eltern und Fachleute, die Menschen mögen

Inhalt

Vorwort des Herausgebers   7

Vorwort von René Kristensen   9

Einladung zur Integrität –
Jesper Juul und Peter Lang
im Gespräch   12

Die Entwicklung von Familienberatung und Familientherapie als
berufsübergreifenden Methoden   61

Vorwort des Herausgebers

Dieser Text ist ein wertvolles Dokument dafür wie wir Menschlichkeit in Beziehungen entwickeln können. In Beziehungen von Eltern zu Kindern, Lehrerinnen zu Schülerinnen, Fachleuten in Einrichtungen zu Kindern und Jugendlichen. Was hier steht, hilft jedem der sein Kind oder Jugendlichen meint nicht zu verstehen. Es gibt Kraft und Ermutigung sich aufzumachen und die Botschaften die wir Erwachsenen bekommen zu würdigen und nicht nur als unverständlich abzutun. Es sind Botschaften – oder Einladungen – wie es die beiden Autoren nennen. Es liegt an uns Erwachsenen sie wahrzunehmen, zu würdigen und zu entschlüsseln. Es sind Einladungen, die meist kleine Menschen in Not senden, um ihre Integrität zu wahren. Menschen, die ihr Bestes geben.

»Einladung zur Integrität« bestärkt Eltern und Fachleute darin in Kontakt mit dem Kind, dem Jugendlichen zu gehen und unerwünschtes Verhalten nicht abzulehnen, sondern als Botschaft, ja Einladung, zu nehmen um den nächsten Schritt zu tun, und zum Beispiel zu fragen: Was willst du mir damit sagen? Dafür braucht man nicht viel Zeit, aber man braucht die entsprechende Haltung.

Ein wesentliches Buch für Eltern und Fachleute die Menschen mögen!

Im letzten Kapitel finden Sie einen wichtigen und neuen Beitrag von Jesper Juul: »Die Entwicklung von

Familienberatung und Familientherapie als berufsübergreifenden Methoden«.

Ich wünsche Ihnen, sowohl als interessierte Eltern, wie auch als Fachleute, den größtmöglichen Gewinn aus diesem Buch!

Ihr Mathias Voelchert

p.s.
Dieser Text basiert auf der Mitschrift eines Gesprächs, das Jesper Juul und Peter Lang im Jahr 2007 anlässlich eines Treffens in Odder/DK geführt haben.

Der Text ist nach wie vor hochaktuell und richtungweisend. René Kristensen hat das Interview damals geführt und eine DVD davon produziert, die nicht mehr verfügbar ist. Seine Einleitung zu »Einladungen zur Integrität« folgt hier.

Vorwort von René Kristensen

»Wir hätten uns vor zwanzig Jahren treffen sollen!« Das war der letzte Satz des dreieinhalbstündigen Gesprächs, das 2007 zwischen Jesper Juul, einem bekannten dänischen Therapeuten, und Peter Lang, einem systemischen Supervisor und Therapeuten aus London, stattfand. Was für ein unglaublicher Tag!

Ich bin außerordentlicher Professor mit einem Master of Science in Systemischer Führung und Organisationsforschung. Peter Lang war mein Supervisor und eine große Inspiration für mich – und das ist er noch immer, obwohl er inzwischen verstorben ist. In Dänemark habe ich viele Jahre lang mit Peter zusammengearbeitet, und ich habe auch sein und Elspeth McAdams Buch »Appreciative work in schools« ins Dänische übersetzt.

Lange vor dieser Zeit wurde ich am Kempler Institut von Jesper Juul ausgebildet, und bei meiner Arbeit an Schulen haben mich viele seiner Ideen inspiriert. Ich habe damals drei Artikel für die Zeitschrift »Familien« geschrieben, und ich schreibe bis heute.

Lernen heißt für mich, Möglichkeiten zu schaffen, um Ideen auszutauschen und gemeinsam zu entwickeln. 2007 habe ich Peter und Jesper eingeladen, mich im Kempler Institut in Odder zu treffen und über die Themen zu sprechen, die ihnen wichtig waren. Sie hatten sich bis dahin noch nie getroffen, obwohl sie viele Jahre lang zwei sehr wichtige Zweige der dänischen Entwicklung in den Bereichen Therapie und Kommunikation repräsentierten.

Dieses Buch enthält wichtige Teile des Dialoges, den ich bei der Ausbildung von Lehrerinnen und Sozialarbeiterinnen nutze. Insbesondere die von Peter Lang inspirierte Vorstellung der »Einladung« ist eine sehr hilfreiche Art und Weise, sich das Verhalten von Menschen anzuschauen. Jesper Juul meinte, dass manche Worte Revolutionen hervorbringen können – und »Einladung« ist eines dieser Worte. Integrität ist ein wichtiges Konzept von Jesper Juul – es beschreibt die Vorstellung, Menschen beim Umgang mit ihrer Integrität zu unterstützen, indem man sowohl ihr Selbstvertrauen als auch ihr Selbstgefühl fördert.

Leider haben sich Peter und Jesper nie wieder getroffen – doch Sie haben jetzt die einmalige Chance, gemeinsam mit diesen zwei weisen Männern neue Ideen zu entwickeln.

Viel Spaß beim Lesen – ich hoffe sehr, dass die Ideen und Vorstellungen auch in den deutschen Kontext passen.

Viele Grüße
René Kristensen

Ich gehe davon aus, dass Jesper Juul in Deutschland bereits sehr bekannt ist – hier einige Links zu Peter Lang:

www.youtube.com/watch?v=cSaq3vInmz8&t=2s

www.youtube.com/watch?v=dN7de5IyB2Y

www.peterlangsystemiccommunity.com

www.rkris.dk

Einladung zur Integrität

**Jesper Juul und Peter Lang im Gespräch –
moderiert von René Kristensen, MSC, UCL, Dänemark**

Jesper Juul:
Die Wissenschaft ist in meinem Arbeitsfeld immer präsenter geworden – in Bezug auf die Entwicklung von Kindern und auch in Bezug auf die Beziehung zwischen Eltern und Kindern. Diese hatte vor fünfzig Jahren noch eine zu neunundneunzig Prozent moralische Grundlage. Jetzt haben wir Zugang zu diesen ganzen wissenschaftlichen Informationen von Gehirnspezialisten und anderen. Und ich habe mich entschieden, das zu tun, was ich scheinbar am besten kann, nämlich Ideen und Verhaltensalternativen in einer Art und Weise zu kommunizieren, die bei Menschen den Wunsch weckt, sich zu ändern – statt ihnen das Gefühl zu geben, sie seien inkompetent oder schuldig oder was auch immer.

Ich war immer sehr frustriert darüber, dass die Diskussion, wenn wir über Pädagogik und über das Aufziehen von Kindern sprechen, seit dreißig Jahren zwischen zwei Extremen steckengeblieben ist – zwischen dem Autoritären und dem sogenannten Freien. Und ich glaube, jeder weiß – und das belegen auch alle Studien –, dass die ganzen Praktiken innerhalb dieses Kontinuums nicht funktionieren. Wenn also Tony Blair nicht schon den Begriff »der dritte Weg« besetzt hätte, würde ich wahrscheinlich darüber sprechen. Weil wir einfach wegkommen müssen von dieser Art zu denken – wir müssen in neuen Begriffen denken. Und glücklicherweise gibt es eine Tag für Tag solider werdende Grundlage, auch was die Wissenschaft anbelangt. Mein Hauptanliegen ist im Moment, nicht nur Familien, sondern auch Institutionen, in denen Erwachsene mit Kindern zusammen sind, für alle so freundlich, spaßig, sich entwickelnd und angenehm wie möglich zu machen.

Peter Lang:
Ich finde es sehr spannend, wenn man den Sprung macht – wenn man diese polarisierte Geschichte hinter sich lassen kann und Verbindung mit etwas ganz anderem aufnimmt. Als du meintest, wir sind darin steckengeblieben, ist mir aufgefallen, dass es faszinierend ist, wie Geschichten die Dinge dominieren. Wir müssen uns in einem nächsten Schritt anschauen, was wir darüber hinaus bewegen können. Was mich begeistert, ist die Vorstellung, sich in Richtung einer kraft- und ressourcenbasierten Arbeitsweise zu entwickeln und diese bei allem, was wir tun, als eine Art Überbau zu haben. Und mich begeistert auch diese Vorstellung von echtem Respekt – die Menschen haben Fertigkeiten und Fähigkeiten. Wir müssen nur mit ihnen arbeiten, um sie benennen zu können und auch, um herauszufinden, wie die Menschen diese Fähigkeiten erworben haben und wie sie sie anwenden. Damit zu arbeiten, bedeutet für mich eine große Veränderung

Jesper Juul:

Ich bin vollkommen deiner Meinung. Und ich weiß nicht mehr, ob du das geschrieben hast oder jemand anderes: Wenn du verändern willst, was sich in deiner Familie oder in deiner Schule oder wo auch immer abspielt, ist das Essenzielle, eine neue Meta-Idee zu erschaffen. Das war es ja, was dich und mich ursprünglich auf den Weg gebracht hat. Du kannst nicht damit beginnen, Probleme zu lösen. Du musst eine neue Vision schaffen: Was würden wir hier *gerne* haben? Das macht natürlich Angst, ist aber wiederum auch der einzige Trost, den man Menschen geben kann, die das Alte hinter sich lassen. Das ist der Trost, den eine Vision mit sich bringt.

Peter Lang:

Die Vision ist absolut ausschlaggebend – die Art von Vision, wie wir sie auch in Träumen haben. Das ist etwas, das größere Kindern können und kleinere noch nicht so. Doch dann habe ich mich an die Geschichte einer engen Kollegin erinnert, die in den letzten fünf Jahren dreifache Großmutter geworden ist. Sie war mit ihrem dreijährigen Enkelkind zusammen, und sie spielten, und der Junge war einfach sehr ruhig. Also sagte sie: »Du bist sehr still.« Und er – ein dreijähriger Junge – antwortete: »Großmutter, ich bin traurig.« Also fragte sie: »Worüber bist du traurig?« Und er sagte: »Eines Tages werde ich sterben.« Als ich dieses Geschichte hörte, dachte ich nur: Wie unglaublich! Dass ein Dreijähriger etwas erfasst, von dem wir denken, dass es ein großes Konzept ist. Und es ist kein großes Konzept für ihn – es ist etwas, das zum Leben gehört. Und ich dachte, wie ergreifend es ist, dass kleine Kinder – und auch ältere Kinder wie du und ich – mit solchen Ideen und solchen Haltungen zum Leben verbunden sein können. Es ist eine unglaubliche Fähigkeit, in die Zukunft schauen und eine Vision erschaffen zu können.

Jesper Juul:

Es stimmt, Kindern verfügen über ein enormes Potential, das bisher noch nicht genutzt worden ist. Viele Menschen reden davon, Kinder und junge Menschen miteinzubeziehen, in den Gemeinden und so weiter. Und sie reden immer so darüber, als wäre das gut für die Kinder, weil die Kinder über Demokratie lernen müssen und so weiter. Meiner Ansicht nach könnte die Gesellschaft aber eher einen Nutzen daraus ziehen, wenn sie erkennt, dass der Input, den die Erwachsenen *von den Kindern* bekommen, viel wertvoller ist als der Input, den die Kinder bekommen – die würden wahrscheinlich viel lieber Fußball spielen. Aber es sieht so aus, als würden wir diese Dimension die ganze Zeit verkennen. Wir übersehen, dass es in beide Richtungen geht. Wir sind so sehr mit dem beschäftigt, was wir den Kindern geben sollten, dass wir ganz vergessen, dass es eine Menge Dinge gibt, die wir vielleicht bekommen können – wenn wir uns dieser Möglichkeit bewusst wären. Das würde viel verändern. Denn dieser kleine Junge von drei Jahren, der braucht überhaupt nichts in dieser Situation. Vielleicht braucht er, dass seine Großmutter seine Hand hält oder ihm über den Kopf streicht oder so etwas. Aber er braucht keine Erziehung, er braucht nichts anderes. Es könnte sein, dass er *ihre* Gedanken über *ihren* Tod braucht; aber das ist vielleicht ein bisschen früh.

Die Beziehungen zwischen Kindern und Erwachsenen werden oft missverstanden, weil Kinder nicht als kompetent gesehen werden – was sie aber schon in sehr frühem Alter sind. Als ich Mitte der Neunziger angefangen habe, diesen Begriff zu benutzen, stellte sich heraus, dass das Konzept für manche Menschen sehr provokativ war, weil es sozusagen gegen das stand, was die psychologische Forschung damals sagte. Auf der anderen Seite wurde der Begriff auch von vielen Menschen zitiert, die eigentlich nur romantisch waren. Ich habe unglücklicherweise ein Image als Kinderfreund oder so ähnlich – was ich nicht wirklich bin. Das war nie mein Antriebsgrund, ich habe mein ganzes Leben lang versucht, Erwachsene, die in ihrer Beziehung zu Kindern Frustration erleben, zu inspirieren und zu unterstützen. Ich sehe mich also nicht speziell als Kinderfreund. Ich beschäftige mich aber sehr stark mit der Idee und mit der Praxis, dass man fast alles, was man wissen muss, von seinen Kindern oder von den Menschen, die die Kinder unterrichten, lernen kann. Aber es ist sehr schwierig, darüber zu reden, weil es nicht bedeutet, dass wir jetzt die Rollen auf den Kopf stellen. Es bedeutet nicht, dass die Kinder zu Eltern oder Lehrerinnen werden. Früher haben wir für alles, was schief gelaufen ist, den Kindern die Schuld gegeben. Und heute sagen die Erwachsenen: »Und jetzt soll alles *unsere* Schuld sein?« Das ist keine Frage von Schuld! Schuld kann man zur Kirche bringen, vielleicht können die etwas damit anfangen. Das hat mit Verantwortung zu tun und damit, was man gewillt ist, zu lernen – vielleicht über das Leben, mit Sicherheit aber über das, was genau in diesem Moment zwischen dir und mir passiert.

Und da sind Kinder eine unschätzbare Quelle, eigentlich die einzige Quelle. Es gibt keine andere Quelle. Da liegt also mein Fokus, und ich finde es schwierig, eine Sprache zu entwickeln, die präzise genug ist und die gleichzeitig nicht polarisierend ist – zumindest nicht mehr, als sie es irgendwie auch sein muss.

Peter Lang:

Es gibt diese Vorstellung eines Metakontextes, über die Barnett Pearce geschrieben hat und die er auch auf Schulen bezogen hat. Ich finde, diese Vorstellung könnte eine interessante Art und Weise sein, die Dinge zu untersuchen. Mir gefällt dein Blickwinkel: sich Eltern anzuschauen und zu schauen, auf welche Weise sie von Kindern lernen und was für eine Kompetenz darin liegt. Man könnte auch einen Metakontext in Form einer Geschichte haben, die von dem tief empfundenen Respekt, den Menschen füreinander haben, handelt. Davon, dass Eltern ihren Kindern tiefen Respekt entgegenbringen – in einer Art und Weise, die überraschend ist, bis man beginnt, darüber zu sprechen. Du hast gesagt, dass du nach einer Sprache suchst. Die Sprache wächst dann aus der respektvollen Haltung und aus dieser Art von Meta-Geschichte. Schulen sind Orte des Respekts, wo Menschen wachsen, wenn sie miteinander zu tun haben, sowohl in Hinsicht auf Fähigkeiten als auch auf die Art und Weise des Umgangs miteinander. Ich finde das wirklich faszinierend.

Ich habe viel nach Wegen gesucht, Kinder und Eltern in Verbindung miteinander zu bringen – öfter und für längere Zeitabschnitte. So wie in dieser einen

Schule, mit der ich in Kontakt war, die hatte eine sehr gewalttätige Klasse. Und eines der Dinge, die sie herausfanden, war: Wenn man die wirklich gemeinsam verbrachte Zeit von Kindern und Eltern erhöht, vermindert das die Gewalt in einem dramatischen Ausmaß. Also haben sie sich entschieden, damit zu arbeiten. Sie luden Eltern zu Events ein. Und sie arbeiteten mit den Kindern, indem sie ihnen jeden Freitag die Aufgabe stellten, sich zu überlegen, was sie am Wochenende mit ihren Eltern machen könnten. Und am Montag in der Klasse erzählten sie dann davon und schrieben etwas darüber. Und das ist einfach faszinierend – so eine einfache Idee hatte einen enormen Effekt, und sie hat riesige Veränderungen bewirkt. Und das bedeutet für mich: Eltern besitzen die natürliche Fähigkeit, Verbindung aufzunehmen.

John Bowlby, der mich viele Jahre lang sehr inspiriert hat, sagte einmal: »Sei extrem vorsichtig mit Wissenschaft. Wissenschaft hält die Menschen davon ab, das zu tun, was sie aus ihrer Natur heraus tun würden.« Ich erinnere mich an eine Situation mit einer Gruppe von Müttern mit ihren Kindern. Eines der Kinder fing an zu weinen, und die Mutter nahm das Kind sofort auf den Arm und sprach mit ihm und beruhigte es. Und Bowlby sagte: »Seht ihr? Die Mutter wusste ganz genau, was zu tun ist.« Truby King sagt, man solle das Kind weinen lassen – doch das ist kein natürliches Verhalten. Das heißt, eines der Dinge, auf die wir uns wieder einstimmen, ist, die natürliche Grundlage anzuerkennen und Müttern und Erwachsenen die Möglichkeit zu geben, wieder mit dem in Verbindung zu treten, was sie aus dem Bauch heraus wissen – statt sich von Vorstellungen der Wissenschaft leiten zu lassen.

Jesper Juul:

Ja, wir reden wirklich über Elternschaft aus dem Inneren und nicht von der Chefetage aus. Und wenn man sich diesen Meta-Kontext in einem alltäglich-praktischen Sinn anschaut, kann man junge Eltern in Skandinavien und in vielen anderen europäischen Ländern fast in zwei Gruppen einteilen. Die einen haben eine ganz neue Meta-Idee – was die Deutschen eine »Vorstellung« nennen würden – von Elternschaft. Sie sehen diese als eine große Chance für ihre eigene persönliche Entwicklung. Und natürlich verändert das die Art und Weise, wie sie mit dem Kind in Beziehung treten, ganz enorm. Und dann gibt es die anderen, die eher auf der Basis des Behaviorismus denken – die würden sagen: »Also, das ist überhaupt kein Thema für mich. Ich bin der Erwachsene. Ich muss das Kind lehren. Ich muss mich darum kümmern, dass sich das Kind so und so entwickelt.

Aber diese Vorstellung von einer gemeinsamen Entwicklung setzt sich immer mehr durch. Und natürlich machen die auch ihre Fehler. Aber wenn du Vater oder Mutter bist oder eine relativ neue, junge Lehrerin – dann machst du zwanzig bis dreißig schwere Fehler am Tag, und das ist in Ordnung! Also, solange deine Quote nicht fünfzig Fehler am Tag übersteigt – dann brauchst du vielleicht etwas Supervision. Die Leute machen sich so viele Sorgen darum, dass sie Fehler machen könnten, aber es gibt dafür eine Lösung: Kinder leiden nicht unter den Fehlern, die Erwachsene machen – solange die Erwachsenen die Verantwortung für ihre Fehler übernehmen. Und ich meine nicht: »Tut mir leid, das tue ich nie wieder!« Ich rede nicht von der sentimentalen Version – ich rede von ernsthafter Verantwortung: »Wir hatten diesen Konflikt, ich wusste nicht, was ich tun sollte. Ich habe getan, was ich getan habe, ich hätte das nicht tun sollen. Es tut mir leid, ich werde versuchen zu lernen. So dass es beim zum nächsten Mal besser läuft.« Denn was passiert, ist, dass das Kind dabei an vielen Erfahrungen teilhat, von denen es profitiert. Schmerz, Frustration – all so etwas trägt zu seiner sozialen und persönlichen Entwicklung bei. Worunter wir aber seit Generationen leiden, sind Schuldzuweisung und Beschämung – »Ich mache einen Fehler, aber es ist deine Schuld.« – also, diese Vorstellung. Du kannst so viele Fehler machen, wie du willst! Du kannst ungeschickt sein, du kannst die Beherrschung verlieren, du kannst machen, was du willst, aber, wie du es nennst, *das ist warm.* Ich habe mal ein Zitat von amerikanischen Hirnforschern gehört, die ein neues Schulkonzept entwickelt hatten, das sie »hirnbasiertes Lernen« nannten. Das war, als hätten sie entdeckt, was jedes Kind bereits weiß: Wenn die Lernumgebung durch Langeweile und Kritik geprägt ist, hört das Gehirn auf zu lernen. Ich war nach ihnen als Sprecher dran, und ich sagte: »Ich frage mich, warum sie das nicht »menschenbasiertes Lernen« nennen.« Denn Menschen sind einfach so! Soviel wissen wir also. Aber ich bin mir wirklich nicht sicher, warum wir in dieser Vorstellung steckengeblieben sind, dass Macht in persönlichen Beziehungen wichtig wäre. Das scheint eine Grundlage von dem zu sein, was vor sich geht.

Was ich den Leuten sage, ist: Macht das nicht! Es ist viel besser, wenn ihr wertschätzt, was das Kind zu tun versucht. Und einer der wichtigsten Grundsätze ist: Gebt dem Kind Zeit. Gebt ihm die Aufgabe und dann gebt ihm Zeit – so kann es seine Fähigkeit und seine Bereitwilligkeit, zu kooperieren und mit euch zusammenzuarbeiten, entdecken. Aber wenn man es so macht wie meine Eltern – »Mach das, und mach das jetzt!« –, dann nimmt man dem Kind jegliche Würde, und die einzige akzeptierte Antwort ist nicht »Ja!«, sondern »Jawohl!«. Das ist sehr einfach. Und ich sage das Eltern und Lehrerinnen, und es gefällt ihnen, es bringt sie immer zum Lächeln. Aber dann fangen sie an nachzudenken und sagen: »Aber das Kind muss wissen, wer die Führung hat.« Doch das steht überhaupt nicht zur Debatte. Wenn es eine Sache gibt, die kleine Kinder nicht machen, dann das: Sie stellen nicht in Frage, wer die Führung hat, wenn sie ihre Eltern anschauen. Sie sind schließlich von der Führung der Eltern abhängig! Und das betrifft auch die Lehrerinnen, wir haben eben die ganzen Bilder im TV gesehen, die ganzen Kinder, für die dieses Jahr die Schule beginnt – sie wissen ganz genau, dass die Lehrerin die Führung hat. Und sie mögen es, dass die Lehrerin die Führung hat! Ich habe noch kein Kind getroffen, das einen Machtkampf begonnen hätte. Es sind immer die Erwachsenen, die ihn beginnen. Es scheint so wichtig zu sein, und gleichzeitig fällt es uns so schwer, unsere Partnerschaften, Ehen und Freundschaften so zu führen, dass sie nicht auf der Basis von Macht, sondern auf der Basis von Gleichwürdigkeit funktionieren. Und Gleichwürdigkeit hat nichts mit Demokratie zu tun, sondern sie bedeutet: Du hast das Recht – du nennst das, glaube ich, Respekt –, genauso ernst genommen zu werden wie ich. Es ist egal, wie groß oder wie alt oder was auch immer du bist. Das ist die Basis. Und das weckt bei vielen Erwachsenen die Angst, ihre Macht zu verlieren.

Peter Lang:

Es gibt ein nettes kleines Zitat, das ich manchmal verwende, von einem englischen General aus der Zeit des ersten Weltkrieges. Er sagte: »Es ist leichter, deine Truppen für ein Gefecht auf den Hügel zu führen, als meine drei Töchter dazu zu bringen, rechtzeitig zum Frühstück zu erscheinen. Mit meinen Töchtern muss ich jedes Detail aushandeln, ich muss Verbindung mit ihnen aufnehmen und mit ihnen sein.« Ich finde das wirklich spannend.

Jesper Juul:

Ja, das ist spannend, und es bringt auch dieses wundervolle Wort »aushandeln« mit rein. Es gibt ja eine ganze Generation von Familien, die als »negotiating families« – also als Familien, in denen alles verhandelt werden musste – bezeichnet wurden. Doch wir befinden uns damit noch immer innerhalb des Konzeptes Demokratie. Demokratie hat im Grunde damit zu tun, wie man Macht und Geld verteilt, und deshalb funktioniert sie nicht als Wert in menschlichen Beziehungen. Es ist gut, sie zu haben, aber sie reicht nicht aus. Man braucht mehr, man braucht noch einige Werte dazu. Aber das Interessante ist, dieser General erlebt wahrscheinlich: Er kommt in die Armee, ihm wird Autorität verliehen, und sie wissen dort, dass sie die besser respektieren, denn wenn nicht, dann ... Mit seinen Kinder spielt er auch eine Rolle – die des Vaters –, und die spielt er offensichtlich nicht besonders gut. Damit kommen wir zu einem sehr entscheidenden Punkt: Je mehr Freiheit wir Kindern lassen, je mehr wir über Kinder und über uns selbst erfahren, desto notwendiger wird es, die Rollenspiele aufzugeben. Wenn du in einen Klassenraum gehst und Lehrerin spielst, wenn du Vater spielst, wenn du Mutter spielst, dann funktioniert das nicht. Aber wenn du hingehst, dem Kind in die Augen schaust und sagst: »Ich will, dass du jetzt runter kommst zum Frühstück«, dann wird es mit dir kooperieren. Aber du musst es wollen, es muss echt sein, es muss authentisch sein – das musst wirklich *du* sein. Und das bringt, glaube ich, die zwei Generationen in diesem Raum in Schwierigkeiten, weil wir in dem Glauben aufgewachsen sind, dass das Gegenteil stimmt. Wir haben gelernt, dass du lernen musst, deine Rolle zu spielen. Und was dich oder dein Selbst betrifft – wen interessiert das schon! Jedes Kind sagt: »Ich will das ... Ich will ein Stück Kuchen!«, und so weiter, und die Antwort war immer: »Du willst, du willst, du willst ... Wer hat dir gesagt, dass *du* wichtig wärst?«

Und jetzt haben wir plötzlich diese Eltern und diese Lehrerinnen, die sagen: »Mein Gott, die Kinder hören nicht zu.« Ich habe mich viel mit sehr gebildeten Eltern der Mittelklasse unterhalten, in ganz Europa. Und die kommen alle und sagen: »Eigentlich haben wir nur ein Problem, unsere Kinder hören uns nicht zu.« Und natürlich meinen sie nicht, dass ihre Kinder nicht zuhören, sondern sie meinen, dass sie nicht zuhören *und gehorchen.* Und dann sage ich: »Okay, ich kenne das. Meine Erfahrung als Familientherapeut hat mich viele Dinge gelehrt, und eines davon ist: Wenn Kinder nicht zuhören, dann liegt das daran, dass das, was die Erwachsenen sagen, es nicht wert ist, es sich anzuhören. Also lasst uns mal schauen, was es ist, das ihr sagt.« Dann sagen die Eltern und auch Lehrerinnen: »Aber ich sage dies und dies.« Und es macht alles Sinn, oder es ist wahr – es hat viele Qualitäten, was den Inhalt anbelangt. Wenn es aber von jemandem gesagt wird, der versucht, sich wie eine richtige Mutter zu verhalten, verliert es an Bedeutung. Die Musik wird falsch. Kinder hören nur den Worten zu, und da ist niemand hinter den Worten. Es ist niemand da, den sie respektieren können, zu dem sie in Beziehung treten können, in den sie sich sogar verlieben können – was ja eigentlich passieren sollte.

Peter Lang:

Zu dem Thema Macht möchte ich noch sagen, dass die Machtdiskussion meiner Ansicht nach eine tote Diskussion ist – diese Vorstellung, dass wir die Macht oder die Führung haben müssen. Wir müssen in einem gewissen Sinne verantwortlich sein, weil unsere Handlungen etwas schaffen. Das hat mich an einen Kollegen und seine sechzehnjährige Tochter erinnert, die gerade Geburtstag gehabt hatte. Mein Kollege gab seiner Tochter Geld, damit sie sich etwas zum Anziehen kauft, das ihr gefällt. Das tat sie, und zwei Samstage darauf wollte sie zu einer Party gehen, und sie kam in diesen neuen Kleidern die Treppe runter, und mein Kollege sah sie und dachte sich: »Das ist zu viel!« Er wollte es gerade sagen, aber als er schon den Mund geöffnet hatte, dachte er: »Sag's nicht.«

Stattdessen sagte er: »Du siehst fantastisch aus.« Und er erzählte mir später, dass er da nicht ganz ehrlich gewesen war. Aber sie sagte: »Dad, findest du wirklich? Ich glaube es ist ein bisschen zu viel.« Und was ich liebe, ist diese Vorstellung von Freisein.

Für mich steht das in Verbindung zu Wygotskis Idee; ich würde sagen, du musst nicht echt sein – du kannst spielen, echt zu sein, denn die Reaktion des anderen und dein Verhalten erzeugen gemeinsam Echtheit. Hätte der Vater in dieser Geschichte gesagt: »Das ist ein bisschen zu viel«, wäre etwas anderes daraus entstanden. Die Vorstellung von Aufführung und Spiel, von der Wygotski spricht, bedeutet für mich: In einem gewissen Sinne können die Menschen über das Spiel Dinge erforschen und Neues erschaffen. Und ich glaube, das funktioniert, weil in dem Spielbeginn Echtheit liegt. Vielleicht ist das, was man tut, nicht hundertprozentig echt – aber man tut es in der echten Hoffnung, etwas zu erschaffen. Und das bringt die Dinge voran. Und ich denke, das bringt die Diskussion über Macht weg von einer Geschichte über Macht und hin zu einer Geschichte, wie wir gemeinsam Dinge erschaffen.

Jesper Juul:
Ich habe diesen Gedanken von Wygotski noch nie gehört – was aber echt am Verhalten von deinem Kollegen ist: Er erlaubt sich nicht, seinen ersten Gedanken auszusprechen, und das ist innerhalb der Beziehung ein sehr echter Schritt. Wer weiß, *was* er gesagt hätte – es wäre mit ziemlicher Sicherheit nicht echt, sondern von vorangegangenen Generationen

übernommen gewesen. Aber er hält inne, und sein Versuch, sich liebevoll zu verhalten, hat Wertschätzung erfahren, und das lässt Raum. Und das ist so schwierig, wenn man es noch nie erlebt hat: Wenn man wertschätzt, was Kinder zu tun versuchen, dann kommen sie zurück – und vielleicht tun sie nicht *genau* das, was man will, aber sie werden mit Sicherheit so viel tun, wie ihnen möglich ist. Und Eltern und Lehrerinnen haben da unterschiedliche Positionen. Kinder würden alles tun, um ihre Eltern glücklich zu machen, aber sie würden nicht unbedingt alles tun, um ihre Lehrerinnen glücklich zu machen. Da gibt es also einen Unterschied. Aber diese Idee, dass dieser Mann die Perspektive seiner Tochter einnimmt, bevor er den Mund aufmacht – das erlaubt ihr, die Bühne zu betreten und echt zu sein: »Ich habe es gekauft, ich fand es toll, aber jetzt habe ich mich im Spiegel angeschaut, und vielleicht ist es ein bisschen zu viel.« Da gibt es also einen wundervollen Austausch zwischen den beiden.

Peter Lang:

Wenn Menschen wertgeschätzt werden, ermöglicht ihnen das, sich zu verändern, weil sie den Raum dafür bekommen.

Jesper Juul:

Ja, und was Teenager die ganze Zeit sagen, stimmt ja. Sie sagen: »Wir leben zwei Leben. Wir leben ein geselliges, ein oberflächliches Leben; wir sind damit beschäftigt, wie wir aussehen, wie wir uns anziehen, mit unseren Frisuren, unseren Piercings und was auch immer. Auf der anderen Seite bewegen wir uns einen

Großteil der Zeit auch auf einer viel wahreren existenziellen Ebene. Wie kommt es, dass sich niemand dafür interessiert? Alle schauen uns nur an – aber niemand sieht uns! Und niemand wertschätzt diesen Teil von uns!« Und für diesen Teil öffnet der Vater unwissentlich die Tür. Und wir wissen das auch als Psychotherapeuten: Niemand ändert sich dadurch, dass er kritisiert wird. Niemand ändert sich durch das Gefühl, falsch zu sein. Veränderung kommt davon, gesehen und wertgeschätzt zu werden. Und man weiß nie, welcher Satz am Ende den Ausschlag gibt. Und das ist das Schöne daran, Eltern zu sein und mit Kindern zu sein: Es gibt so viel Psychotherapie, die keine therapeutische Wirkung hat; und gleichzeitig gibt es so viele Beziehungen zwischen Erwachsenen und Kindern, die keine Therapie sind – die aber trotzdem eine sehr große therapeutische Wirkung haben. Und ich glaube, das ist es, was wir suchen sollten. Wir sollten nicht nach Techniken suchen, wie man Menschen ändern kann, sondern wir sollten nach Arten und Weisen suchen, wie wir mit Kindern zusammen sein können, so dass sie ihr Bestes entfalten können.

Peter Lang:

Ich möchte noch etwas zu dieser Vorstellung der Einladung sagen – insbesondere im Kontext von Beziehungen. Ich finde es interessant, sich auf unterschiedliche Verhaltensweisen einzulassen und sie als Einladungen zu behandeln – als eine Art wohlwollende Einladungen. Man könnte sagen, dass man sich auf alles, was ein Kind tut, auf eine ganz andere Art und Weise einlässt, wenn man das Verhalten des Kindes als Einladung sieht. Das beinhaltet die Vorstellung, dass das Kind durch alles, was es tut – insbesondere, wenn das mit Emotionen einhergeht – seine Auffassung von Moral ausdrückt (Moral aber nicht in dem Sinne, wie du am Anfang davon gesprochen hast). Und sobald ich das, was das Kind tut, wie eine Einladung behandle, erkenne ich diese Moral an.

Wir hatten zum Beispiel ein Kind, das die Diagnose ADHS bekommen hatte. Dieser Junge benahm sich in der Klasse daneben, und das ging bis zu einem Punkt, wo er, als die Lehrerin etwas sagte, einfach explodierte und anfing, die Tische und die Stühle zu zerschlagen, und sie ihn gewaltsam festhalten mussten. Und dann hatte einer meiner Kollegen ein Gespräch mit ihm, und er fragte den Jungen: »Warum bist du so wütend geworden?« Und der Junge sagte: »Weil sie mich wie einen Hund behandeln.« Der Kollege fragte: »Was meinst Du?« Der Junge sagte: »Du müsstest das mal hören: ,Sitz! Steh auf! Komm her! Tue dies! Tue das!' Die behandeln mich nicht wie einen Menschen.« Das war ein achtjähriger Junge. Man kann sich einfach mal vorstellen, sein Verhalten als Einladung zu sehen und herauszufinden: »Wozu lädst du uns ein?« Und das Stellen dieser Fragen brachte ans Licht, dass er sie dazu einlud, sich mit den großen Schwierigkeiten, mit denen er zu tun hatte, auseinanderzusetzen – wie die Frustration darüber, dass er nicht still sitzen und ruhig arbeiten konnte. Und die Einladung lautete: »Hilf mir, aber behandle mich wie einen Menschen, damit ich das schaffe.« Und als sie das beschrieben hatten, sagten die Lehrerinnen und die Eltern in dem Gespräch: »Wir haben nie erkannt, wozu er uns eingeladen hat.« Wenn man mit dieser

Vorstellung einer Einladung arbeitet, eröffnet das einfach so viele Möglichkeiten.

Mir ist dazu auch eingefallen, dass ich diese negative Haltung zu Beschämungen und Vorwürfen und Schuld hatte, weil ich eigentlich glaube, dass Menschen sich nicht ändern können, wenn man sie beschämt oder ihnen Vorwürfe macht. Aber in der letzten Zeit habe ich begonnen zu denken: Was, wenn das Beschämen, die Vorwürfe und das Beschuldigen eine Einladung sind? Wenn also die Lehrerinnen oder die Eltern das Kind beschuldigen und wir sie fragen: »Wozu ladet ihr das Kind ein, was möchtet ihr, das es tut? Wofür wollt ihr, dass das Kind Verantwortung übernimmt?« Denn ich glaube, Schuld zum Beispiel ist eine Emotion, die dafür steht, dass ich gern Verantwortung übernehmen würde, weil ich mich schuldig fühle – dass ich etwas verändern, etwas neu machen will. Scham könnte zum Beispiel so etwas sein: »Peter, schämst du dich nicht?« »Ja, ich schäme mich, ich wollte das nicht tun.« Was man damit hervorhebt, ist: Die Scham bringt etwas ans Licht, dass zwischen den beiden Personen nicht funktioniert, und sie lädt die beiden ein, etwas zu tun, damit sie gemeinsam die Verantwortung übernehmen und gemeinsam etwas Neues erschaffen können.

Fast jede dieser Emotionen lässt mich also an diese Vorstellung von Einladung denken. Und die Vorstellung bewirkt, dass sich die neurologische Basis der jeweiligen Beziehung verändert. Wenn ich also frage: »Wozu lädst du mich ein?«, dann erlebst du eine Neugier, die deine eigene Ebene gewissermaßen spiegelt – so ähnlich wie in dem Gespräch, das wir beide hier führen. Und das verändert die ganze Situation in einer Weise, die zu einer Art von Zusammenarbeit führt. Ich habe großes Interesse daran, diese Idee weiter zu erforschen, weil sie uns in ein anderes Beziehungssetting versetzt. Es ist wunderschön, mit Eltern zu arbeiten und zu fragen: »Wozu lädst du deine Tochter gerade ein? Worauf möchtest du, dass dein Sohn reagiert?« Dann kann es zu guten Gesprächen kommen.

Jesper Juul:

Ja, das ist, als würde man sagen, wir können dir eine Macht geben, die viel, viel größer ist als die strukturelle Macht, die du bisher hattest. Ich teile deine Denkweise in großem Maße: Worüber wir hier reden, bezieht sich natürlich nicht nur auf das Verhalten von Kindern, sondern auch auf das Verhalten von Erwachsenen. Ich habe nie daran gedacht, dieses Verhalten als Einladung zu sehen. Aber ich habe oft zu Erwachsenen *gesagt:* »Misch dich nicht in das Verhalten des Kindes ein, bevor du es geschafft hast, eine Einladung zu bekommen.« Also man kann sagen: »Dein Verhalten stört mich«, oder was auch immer, »und ich würde wirklich gerne wissen, was los ist. Können wir darüber reden?« Also, es wie eine einfache Sache behandeln. Und wir wissen, dass Kinder – ob es jetzt um Lehrerinnen oder um Eltern geht – auf einer sehr tiefen Ebene darüber nachdenken: »Warum verhält sich meine Lehrerin so? Warum verhält sich meine Mutter so? Warum hat sie das gemacht? Warum hat sie mich geschlagen? Warum hat sie das gemacht?« Vielleicht denken sie sogar noch mehr darüber nach als die Erwachsenen über das Verhalten der Kinder. Also, es wäre phantastisch, von einer Mutter, einem Vater, einer Lehrerin eine Einladung zu bekommen: »Hör zu, vor fünf Minuten habe ich das und das getan, jetzt werde ich die Tür noch ein Stück weiter öffnen und dir erzählen, was in mir vorgegangen ist, was da passiert ist.« Ich glaube, dass Worte manchmal Revolutionen hervorbringen – und Einladung ist ein Wort, das diese Macht hat. Ich habe nie darüber nachgedacht, aber es ist ein sehr mächtiges Wort.

Peter Lang:

Ja, manchmal spiele ich mich Wörtern herum. Und wenn man das Wort »Invitation« (deutsch: Einladung) aufteilt, dann hat man: IN, gleich »in«, und VITA, gleich »Vita« (deutsch: Leben) – also: »im Leben« etwas erschaffen.

Jesper Juul:

Es geht auch um das, was Walter Kempler über das Verhalten beziehungsweise das Verhaltensmuster aller Menschen zu sagen pflegte: Das entspricht der alten britischen Tradition, der Tradition der Oberschicht. Man klopfte an die Tür eines Herrenhauses, der Butler kam raus, man legte seine Visitenkarte auf ein Tablett. Der Butler trug sie ins Haus, und der Hausherr entschied, ob man eingeladen wurde oder nicht. Und das ist es, was Verhalten ist – eine solche Visitenkarte im Sinne von: So sieht es aus. Und *nach* der Visitenkarte brauchst du eine Einladung. Wir könnten stundenlang damit spielen, weil Einladung ein wundervolles Wort ist.

Peter Lang:

Es ist wirklich großartig. Es gibt dazu eine ziemlich interessante Geschichte von drei Jungen in Schweden, die von dem Schulleiter eine Einladung erhalten haben. Es waren also einmal »drei böse Jungen« – es gibt in solchen Geschichten immer drei böse Jungen –, die waren in etwa so unterwegs, dass sie mal zur Schule gingen und mal nicht, mal arbeiteten, mal nicht und so weiter. Und sie hatten die Sozialarbeiterinnen und die Psychologinnen und die Erziehungsberatungsstelle und so weiter hinter sich, und der Schulleiter und zwei Lehrerinnen kamen zu mir und meiner Kollegin und sagten: »Könnt ihr uns damit helfen? Es ist uns wirklich ein Rätsel, was da los ist.« Und das ging schon seit zwei Jahren so.

Wir haben uns dann überlegt: Was wäre, wenn wir das Gespräch verlagern würden? Wenn wir uns nicht anschauen würden, wie oft sie *nicht* in die Schule kommen, sondern wie oft sie *kommen.* Dann haben wir uns hingesetzt und die Unterlagen ausgewertet, und wir haben herausgefunden, dass diese drei Jungen beziehungsweise diese drei jungen Erwachsenen tatsächlich fünfundfünfzig Prozent der Zeit in der Schule waren und arbeiteten. Also entschied sich der Schulleiter, ihnen einen persönlichen Brief zu schreiben, in einem zugeklebten Briefkuvert mit der Aufschrift *persönlich und vertraulich:* »Wir haben eine Analyse vorgenommen und geschaut, wie oft ihr tatsächlich in der Schule seid und arbeitet. Und wir haben entdeckt, dass das fünfundfünfzig Prozent der Zeit sind. Uns war gar nicht klar, dass es so viel ist. Wir wären sehr daran interessiert, uns mit euch zu treffen, um darüber zu reden, warum ihr so oft in die Schule kommt und so viel arbeitet.« Stell dir diese drei Jungen vor, die beim Frühstück sitzen und diesen Brief vom Schulleiter bekommen.

An diesem Morgen waren sie eine halbe Stunde vor dem Schulleiter in der Schule, und sie sagten ihm: »Das ist toll! Warum habt ihr uns das noch nie gefragt?« Der Schulleiter sagte: »Lasst uns darüber reden.« Sie sagten: »Wir wollen, dass die beiden Lehrerinnen auch dabei sind«, also kamen die auch dazu. Und dann erzählten diese drei Jungen: »Es funktioniert gut, wenn ...« Und sie sprachen über ein paar sehr praktische Details, wie die Lehrerinnen so zu ihnen in Beziehung traten, dass es sich für sie lohnte, in die Schule zu kommen. Sie hatten ein phantastisches Gespräch. Und dann sagte einer dieser drei jungen Männer: »Warum machen wir nicht ein kleines Projekt, dass wir drei alle Schüler und Schülerinnen in der Klasse interviewen und für die Lehrerinnen einen Bericht darüber schreiben, wann Schule Lernen bedeutet?« Sie haben nicht davon gesprochen, »wann Schule Spaß macht«, sondern davon, »wann Schule Lernen bedeutet«. Und sie haben diese Möglichkeit geschaffen. Das ist ein wundervolles Beispiel für eine Reaktion auf so eine Einladung. Es wurde nicht geschaut, was diese Jungen *nicht* taten – damit erlangt man nicht besonders viel Expertise, außer in Hinsicht darauf, warum Menschen Dinge *nicht* tun –, sondern was man schaffen kann und wie man dahin gelangen kann.

Jesper Juul:

Das Wort Einladung passt hier, denn wenn man diese Geschichte erzählt, könnte man auch sehr leicht bei einem anderen Konzept landen – bei dem Konzept Positiv-Negativ, das ich überhaupt nicht mag. Dann hieße es: Man schaut ihr Verhalten an, sie kommen nicht in die Schule und so weiter, konzentriert euch also nicht auf das Negative, sondern auf das Positive. Und ich hasse es, wenn auf diese Art und Weise darüber gesprochen wird, also: Wenn du gehorchst, ist dein Verhalten positiv; wenn du nicht gehorchst, ist es negativ. Deshalb finde ich, dass man diese ganze Vorstellung von positiv und negativ über Bord werfen sollte. Verhaltensweisen oder Menschen sind nicht negativ oder positiv. Menschen *sind.* Und diese drei Jugendlichen *waren.* Sie haben ihr Bestes gegeben in Anbetracht der Umstände. Und wenn wir wollen, dass sie in die Schule gehen, dass sie zum Abendessen zuhause bleiben, dass sie die Großeltern besuchen oder dass sie mit uns in den Urlaub fahren, dann müssen wir ihre Erfahrungen, ihre Vision oder was immer es ist, miteinbeziehen. Nicht in einem demokratischen Sinne, sondern weil *ich jetzt* etwas Neues lernen muss. Und das muss ich von dir lernen. Bitte bring es mir bei. Und dann werden sie das tun – *jedes Mal.* Selbst psychotische Kinder werden das tun. Sie werden dir Hinweise geben, sie werden dir sagen, was los ist.

So wie gerade ein Sechszehnjähriger in Deutschland, wo sich leider die gleiche Tradition etabliert hat wie in Amerika – jemand geht in eine Schule und fängt an, Leute zu erschießen, Schülerinnen, Lehrerinnen und so weiter. Und dieses Mal hat der Jugendliche einen Brief geschrieben: »Alles, was ich in der Schule zu hören bekommen habe, war, dass ich ein Verlierer bin.« Und es braucht Stunden, das für die Öffentlichkeit zu übersetzen: Auf welche Weise sagt die Schule das dem Kind, ohne dass sie dabei das Wort »Verlierer« benutzt? Und das ist klar, rumzulaufen und sich wie ein Verlierer zu fühlen, ist schlimm. Auch die drei aus der Geschichte von eben könnten sich so fühlen – also, vielleicht sind sie auch stolz darauf, Verlierer zu sein – aber wenn sie eine Einladung bekommen, haben sie die Möglichkeit, da auszusteigen. Wir haben das vor Jahren gemacht, in einer Institution, wo die Kinder lebten. Weglaufen war dort ein Verbrechen, das heißt, es wurde der Polizei gemeldet. Ich war dort gemeinsam mit einem Kollegen involviert, und wir sagten: »Hört mal zu, Weglaufen ist kein Verbrechen. Weglaufen ist wertvolles Feedback. Also meldet es nicht der Polizei. Der Form halber – weil ihr es müsst – könnt ihr es ja machen ...« Als sie damit aufhörten, kamen die Kinder zurück; sie riefen von irgendwo an, und sie kamen viel früher zurück. Und dann wurden sie in das Büro der Leiterin gebeten und gefragt, ob sie lieber zuerst duschen wollten oder schlafen oder ob sie hungrig wären. Und dann gab es ein Treffen mit den wichtigsten Bezugspersonen dieses Kindes, und es wurde gesagt: »Das ist sehr interessant für uns. Du bist jetzt seit drei Monaten hier, und aus irgendeinem Grund konntest du nicht mehr hier bleiben. Erzähl uns, was es ist, das hier so schrecklich für dich ist.« Ihre Antworten waren *sehr* aussagekräftig und, ähnlich wie bei diesen drei Jungen aus der Geschichte, sehr praktisch und sehr detailliert. Und *manchmal* ging es um das Verhalten der Erwachsenen, das schwer zu verändern war. Aber sehr oft war es diese ganze Vorstellung, die den Unterschied machte: »Mein Verhalten wird von diesen Professionellen und Pädagoginnen als wertvoll gesehen – und nicht als Verbrechen.« Und hier kommt dein Wort ins Spiel. Wir sagen nicht mehr wertvoll, ab jetzt sagen wir Einladung. Das ist nämlich sehr konkret und sogar sozial. Das ist nicht nur existenziell – das Wort funktioniert auch auf einer sozialen Ebene.

Peter Lang:

Eine Sache, die hier gut passt, ist über gut und schlecht oder positiv und negativ hinaus zu kommen. Ich finde gut, was du gesagt hast: »Menschen sind.« Und sie geben in dem jeweiligen Moment und ihren Fähigkeiten entsprechend ihr Bestes. Die Aufgabe lautet also nicht, gut oder schlecht zu definieren. Die Aufgabe lautet, dieses »sein Bestes geben« zu untersuchen und wertzuschätzen. Wenn man das tut, entsteht eine vollkommen andere Art von Beziehung. Das bringt uns zu dem Ansatz der wertschätzenden Nachfrage. Denn dieser handelt von zwei Dingen, erstens: zu schauen, *wie* Menschen ihr Bestes geben – das ist ein wichtiger Aspekt – , und zweitens: gemeinsam mit den Menschen zu untersuchen, was sie gut machen und was funktioniert. Wenn man gemeinsam mit den Menschen untersucht, was sie gut machen und was funktioniert und welche ihrer Fähigkeiten sie einsetzen, dann wird das zu einem affirmativen Ansatz. Und dieser bestärkt Eltern, Lehrerinnen und Kinder unter anderem darin, sich die Dinge anzuschauen, die sie gut machen, und zu schauen, durch was sie ermöglicht werden.

Jesper Juul:

Ich glaube wirklich, dass es bei diesen Schlüsselworten »wertschätzend«, »affirmativ« und »Einladung« im Prinzip um genau das gleiche Thema geht wie bei diesem Ausdruck, den wir in Skandinavien oft verwenden: Kinder (oder auch Erwachsene) mit »besonderen Bedürfnissen«. Natürlich haben diese Kinder besondere Bedürfnisse, was wir aber bis jetzt übersehen haben, ist, dass sie im Grunde, auf einer Alltags-Basis, als ein roter Faden, der sich durch das Zusammensein mit ihnen zieht, genau dasselbe brauchen wie alle anderen Kinder – sie brauchen nur mehr von demselben. Und die besonderen Bedürfnisse kommen dann noch dazu. Sie müssen vielleicht lernen, Wörter richtig auszusprechen oder was auch immer zu kompensieren, aber im Grunde brauchen sie genau dasselbe, nur eben mehr davon. Ich glaube, wir sind langsam auf dem Weg, so etwas wie einen *allgemein gültigen Ansatz* (das ist kein besonders schöner Ausdruck) zu entwickeln, nachdem wir uns fast ein Jahrhundert lang mit *besonderen Ansätzen* beschäftigt haben. Wir haben uns Symptome, Kategorien und so weiter angeschaut und dann gesagt: »Aha, dafür brauchen wir einen besonderen Ansatz.« Und dann haben wir *besondere* Ansätze entwickelt.

So wie die in ihrer frühen Kindheit frustrierten Kinder, oder heute die ADHS-Kinder, die überhaupt nicht als fähig gesehen werden, wertvolles Feedback zu geben. Sie werden nur über ihre Begrenzungen definiert. Und es gibt eine Menge Sonderpädagogik, bei der Kinder und junge Leute sechs bis acht Stunden damit verbringen müssen, genau die Dinge zu tun, die ihnen die meisten Schwierigkeiten bereiten. Statt den Weg zu erforschen, über den du gesprochen hast: »Lass uns schauen, was du gut kannst, was dir Spaß macht, was deine Talente sind und so weiter.« Damit könnte man zumindest die halbe – wenn schon nicht die gesamte – Zeit verbringen.

Momentan versuche ich meinen Optimismus und meinen Pessimismus in Balance zu halten. Wenn man sich professionelle Pädagoginnen anschaut, dann gibt es bei denen eine Menge kreatives Denken. Aber dann kommen alle sechs Monate die Politikerinnen, und die scheinen die gute alte Zeit zurückhaben zu wollen. Und jeder weiß, dass das nicht funktionieren wird – wir können uns nicht zurück entwickeln. Auf diese Weise funktioniert das nicht. Aber sie haben diese Vorstellung, dass, wenn dänische Kinder im Lesen und Schreiben schlecht abschneiden, man ihnen einfach eine Stunde mehr Unterricht in der Woche geben muss, und dann werden sie sich verbessern. Was nicht nur eine sehr primitive Vorstellung ist, sondern auch eine falsche. So funktioniert das nicht. Also, im Moment bin ich sehr optimistisch, weil so viel Kreativität da ist. Weil viele der professionellen Pädagoginnen junge Eltern sind, die eine Art Schizophrenie erleben. Sie verhalten sich mit ihren eigenen Kindern in einer bestimmten Art und Weise, und in einem institutionellen Setting in einer vollkommen anderen Art und Weise. Und natürlich können sie so nicht überleben. Das heißt, es wird hoffentlich etwas passieren.

Peter Lang:

Ich habe neulich eine Übung mit einer Gruppe gemacht. Wir sprachen darüber, dass sie mit Kindern mit speziellen Bedürfnissen, mit Behinderungen arbeiteten. Ich habe also gesagt: »Lasst uns dieses Gespräch auf eine andere Ebene verlagern. Was für Behinderungen oder Einschränkungen haben wir alle in diesem Raum? Wir müssen Menschen nicht mit ihren Diagnosen gleichsetzen – wir haben alle Behinderungen. Und welche Fähigkeiten haben wir alle?« Ich spielte einfach mit dieser Idee, ihnen durch das Reden über ihre Behinderungen das Gefühl zu geben, sie seien unnormal. Wir alle haben Behinderungen. Bei mir ist es das Blöde, dass ich nicht schnell genug bin, Oboe zu spielen – und das ist sehr frustrierend. Ich denke gerade an eine der größten Inspirationen in meinem Leben in diesem Zusammenhang, an den Neurologen Oliver Sacks. Bist du je auf den gestoßen?

Jesper Juul:
Vor langer Zeit.

Peter Lang:

Er hat ein sehr berühmtes Buch geschrieben: »The Man Who Mistook his Wife for a Hat« (deutscher Titel: »Der Mann, der seine Frau mit einem Hut verwechselte«). Eins der Dinge, die er zitiert und über die er spricht, ist: Schau dir an, was deine Krankheit für Fähigkeiten erschafft, die du nicht hättest, wenn du diese Krankheit nicht hättest. Für mich ist das ein sehr aufregender Prozess: nicht auf die Krankheit zu schauen, sondern auf die Fähigkeiten, die die Krankheit geschaffen hat. Oliver Sacks hat eine wunderschöne Beschreibung in seinem Buch »Seeing Voices« (deutscher Titel: »Stumme Stimmen: Reise in die Welt der Gehörlosen«). Dort untersucht er unter anderem den für das Sehen zuständigen Teil des Gehirns gehörloser Menschen – dieser ist wesentlich weiter entwickelt als der für das Hören zuständige Teil. Anscheinend können gehörlose Menschen in einen Raum gehen, sich die Menschen dort zehn Sekunden lang anschauen und dann wieder rausgehen und das Aussehen – also die Kleidung und so weiter – der Menschen detailliert beschreiben. Sacks stellt also heraus, dass Krankheit Fähigkeiten erschafft. Eine Behinderung erschafft Fähigkeiten. Und wie kann man das wertschätzen? Man kann den anderen anschauen und fragen: »Was kannst du, das ich nicht kann, weil ich nicht gehörlos bin?« Das ist für mich ein schöner Weg, zu einem wertschätzenden Ansatz zu gelangen.

Und es ist auch deshalb interessant, weil man dadurch eine Möglichkeit schafft, Kindern das Gefühl zu vermitteln, dass sie Teil eines »guten, normalen Lebens« sind. Dann sind sie nicht ausgeschlossen. Der Prozess des Ausschließens ist problematisch, weil Kinder in sonderpädagogischen Klassen von anderen Kindern anders behandelt werden, und das führt zu etwas sehr Bedauerlichem. Ich finde es spannend, den Ansatz der wertschätzenden Nachfrage zu nutzen und Menschen mit Behinderungen zu interviewen: Welche Fähigkeit hätten Sie nicht, wenn Sie keine Behinderung hätten? Das Interessante daran ist, dass Lehrerinnen ihre Haltung gegenüber Kindern ändern, wenn sie sich diese Haltung zu eigen machen. Es ändert einfach das ganze Beziehungsmuster.

Jesper Juul:

Ich glaube, das setzt einfach in die Tat um, was die Menschheit seit Generationen versucht, was sie aber bisher nur als Änderungen in der Sprache geschafft hat. Wir haben also diese ganze politisch korrekte Sprache, die sich immer mehr von der Realität entfernt – heute ist eine Behinderung ein Handicap, eine Begrenzung, eine Herausforderung, die Menschen sind anders begabt und so weiter. Doch wir müssen uns heute nicht mehr so viel Gedanken darum machen, politisch korrekt zu sein, wenn wir tatsächlich Zeit mit diesen Menschen verbringen, und zwar so, dass sie sich nicht nur eingebunden fühlen, sondern auch wertvoll für die Gruppe oder die Gesellschaft.

In Bezug auf die Arbeit von Lehrerinnen und Pädagoginnen möchte ich sagen, dass ich es für sehr bedauerlich halte, dass wir in Großbritannien, in Deutschland, in Norwegen, in Dänemark und so weiter schon seit zehn Jahren wissen, dass die öffentliche Schule sich in einer Krise befindet. Und wir wissen, dass junge Lehrerinnen weglaufen und dass viele junge Leute während der Ausbildung aufgeben. Und momentan scheint die übliche Antwort darauf zu sein, dass man die Grundausbildung der Lehrerinnen ändert, dass man diese auf eine höhere, akademischere, mehr theoretische Ebene hebt. Ich glaube wirklich, dass das für alle schrecklich ist! Vielleicht kann ich eine kleine Rückschau machen. Ich sehe viele Lehrerinnen, die sehr echte Menschen sind, sehr nette Menschen, sie sind warmherzig, sie mögen andere Menschen, sie mögen Kinder. Sie sind gut auf einer professionellen Ebene, ob sie Theater, Geschichte, Englisch oder was auch immer lehren. Sie sind mehr als gut genug, das zu tun, was ihr Job ist. Man kann also diese Menschen beschreiben und ihre ganzen Eigenschaften aufzählen und dann sagen: »Aha, hier haben wir eine komplette Lehrerin, die dafür gemacht ist, ihre Arbeit zu genießen, und die fähig ist, Kinder zu unterrichten.« Aber was ich häufig sehe, ist, dass diese Beziehungskompetenz fehlt. Ich glaube in der Industrie oder im Management-Training nennt man das jetzt »soziale Kompetenzen«. Es ist so etwas wie die grundsätzliche Fähigkeit, eine Verbindung mit Menschen herzustellen und offen zu sein für eine Verbindung zwischen dir und dem Kind. Und da würden natürlich die meisten Lehrerinnen sagen: »Ja, das wäre wirklich schön, das verstehen wir, aber wie macht man das mit achtundzwanzig Kindern auf einmal?« Und die Antwort ist, dass das unmöglich ist – man kann das nicht mit achtundzwanzig Schülerinnen auf einmal machen. Aber man kann andere Wege wählen, Kindern zu begegnen – Nähe zu einem Kind aufzubauen und ihm das Gefühl zu geben, dass du und das Kind eine bedeutsame Beziehung habt. Dafür braucht man nicht mehr als zwei oder drei Minuten. Man braucht dafür nicht viel Zeit, aber man braucht die entsprechende Haltung. Es gibt also viele Dinge, die Schulen klassischerweise tun, die sie nur ein bisschen anders machen müssten, wie zum Beispiel dieses »Was hast du in den Sommerferien gemacht?« oder ähnlich. Wenn sie das mit nur einer kleinen Verschiebung machen würden, würde es sehr bedeutsam werden.

Ich habe einen deutschen Lehrer getroffen, der seinen eigenen Weg gefunden hat. Wenn er eine neue

Schülerin bekommt, sagt er: »Ich muss zwei Dinge von dir wissen. Die Idee ist, dass ich dich in Deutsch unterrichte – ich muss also wissen, ob du daran interessiert bist, da etwas von mir zu lernen. Diese Info brauche ich. Zweitens: Was meinst *du,* ist für dich die beste Art zu lernen?« Er weiß natürlich, dass Fünf- bis Sechsjährige das nicht beantworten können, deshalb bittet er sie, eine Zeichnung zu machen, und das machen sie alle. Sie machen alle phantastische Zeichnungen, und die verwendet er dann als Einladung. Dann sagt er: »Lass uns deine Zeichnung anschauen.« Er interpretiert sie nicht, sondern er lässt das Kind erklären: »Das bedeutet das und das, und das hier bedeutet das und das.« Dann sagt er: »Okay, das können wir machen.« Der Lehrer braucht dafür drei bis vier Minuten aktive Kommunikation mit dem Kind, und das Kind braucht fünfzehn Minuten allein. Das kann also alles in der ersten Woche gemacht werden. Aber dann wiederum – um auf deine Frage zurück zu kommen –, ich habe 985 Zeichnungen seiner Schülerinnen gesehen, und meine erste Idee war, sie in ein Buch zu tun. Und er hat gesagt: »Nein. Das will ich nicht, weil es dann als Methode verstanden werden würde.« Und das stimmt. Wenn man sich vorstellt, dass man die ganze Stadt Kopenhagen und alle ihre Lehrerinnen nimmt und sagt: »Von jetzt an soll jede Lehrerin einer ersten Klasse das in der ersten Woche machen«, – es würde sterben. Weil man diese Beziehungskompetenz haben muss. Es ist wie der Bass in einem Jazz-Trio. Es muss ein bestimmter Rhythmus, ein bestimmtes Gefühl da sein. Und es reicht nicht aus, nett oder freundlich zu sein. Es geht beim Umgang mit Kindern nicht darum, nett oder freundlich zu sein. Es geht darum, *echt* zu sein. Und hoffentlich ist man wirklich manchmal nett und freundlich, aber vor allem *interessiert.* So wie wir mit Erwachsenen sind. Wir könnten fragen: »Wie siehst du dich selber? Was würdest du gern lernen? Wie geht es dir?« Statt zu sagen: »Ich werde dir etwas beibringen! Ob du willst oder nicht!«

Bei mir hat es zwanzig Jahre gedauert, bis ich entdeckt habe, dass man Beziehungskompetenz tatsächlich üben kann. Man kann sie trainieren, und man kann sie erlernen. In meiner Ausbildung zum Lehrer haben wir darüber geredet, als wäre es eine fast geheimnisvolle Gabe oder ein Talent oder so etwas. Aber man *kann* sie erlernen. Wir müssen den Studentinnen in den Universitäten, in der Grundausbildung für Lehrerinnen und so weiter nur ein entsprechendes Training ermöglichen, so dass sie wirklich üben können. Und sie brauchen dafür keine Kinder, sie können das miteinander üben. Wir sprechen ja nicht von einem speziellen, auf Kinder zugeschnittenen Verhalten. Wir sprechen – vielleicht zum ersten Mal in der modernen Menschheitsgeschichte – davon, einen wirklichen Dialog zu etablieren. Und das ist nicht dasselbe wie eine Debatte oder eine Diskussion oder ein Meinungsaustausch. Das Wesen eines Dialoges ist: Ich sitze hier, und du sitzt dort, und wenn wir nachher aufstehen, werden wir uns hoffentlich beide verändert haben. Und das gibt es bisher noch kaum zwischen Erwachsenen – und zwischen Erwachsenen und Kindern überhaupt nicht.

Um also auf ein paar Dinge zurückzukommen,

die du anfangs gesagt hast, unsere Gesellschaft hat sich gewissermaßen auf der politischen und auch auf vielen anderen Ebenen weiterentwickelt – aber auf der psychologischen Ebene sind wir unterentwickelt. Es ist, als seien wir noch nicht reif genug. Wir besitzen nicht die nötigen Fertigkeiten, um in dieser Gesellschaft oder in einer Demokratie zu leben. Ich denke also, es wäre gut, wenn die Studentinnen Anfang zwanzig nur ein paar Workshops, ein paar Trainingseinheiten hätten, so dass sie die Erfahrung machen können, eine Einladung zu erkennen und anzunehmen oder ein Gespräch oder einen Dialog aufzubauen. Wenn sie das viermal erleben, werden sie es nie wieder vergessen – weil es so bereichernd ist, auch für sie selber. Das heißt, wir *müssen* das machen, aber niemand scheint dazu gewillt zu sein. Ich höre nichts davon in den Medien, ich höre die Pädagogische Universität Dänemarks nicht sagen: »Wir brauchen etwas anderes, lasst uns aufhören, über Probleme zu sprechen. Lasst uns aufhören, Sokrates zu zitieren, der gesagt hat, dass die Jugend von heute schrecklich ist.« Also, das hat ja jede Generation gesagt. Lasst uns einen Schritt weitergehen und den Fokus nicht mehr auf die Probleme und Konflikte legen. Lasst uns den Fokus auf diesen *riesigen* Schatz in jedem von uns und auch zwischen uns legen – den können wir mit *ganz einfachen* Mitteln nutzen und greifbar machen. Aber es ist so schwierig, das zu kommunizieren, ohne als romantisch oder anarchistisch abgestempelt zu werden.

Peter Lang:
Mir gefällt das als Frage formuliert: Wie kann

man so mit Menschen arbeiten, dass sie den Wunsch entwickeln, diese Dimensionen zu erkunden? Ein Gedanke, der mich hier anspricht, ist: Es gehört zu den Aufgaben der Lehrerinnen, eine Umgebung zu schaffen, in der Kinder lernen können. Und das kann keine Lehrerin allein schaffen. Sie braucht die Kinder, sie braucht die Kolleginnen, es geht also darum, ein komplettes Netzwerk an Unterstützung zu entwickeln. Was mir sehr viel gebracht hat, sind einige neue Vorstellungen in Bezug auf Emotionen, die mit der wertschätzenden Art zu arbeiten in Verbindung stehen. Ich hatte ja vorhin schon erwähnt, dass alle Emotionen irgendwie ein Ausdruck von Moral und von Leidenschaft sind, und das lässt sich verbinden mit dieser Idee von Einladung.

Ich bin zum Beispiel auf eine Forschungsarbeit gestoßen, in denen Menschen (weiße Europäerinnen der Mittelklasse) interviewt wurden. Sie wurden gefragt: »Wann werden Sie wütend?«, und es kam heraus, dass sie wütend werden, wenn ihre Würde verletzt oder erniedrigt wird. Die Wut ist dann dazu da, die Aufmerksamkeit des Gegenübers darauf zu lenken, dass ich gedemütigt worden bin, und die andere Person dazu einzuladen, mir meine Würde wieder zurückzugeben. Die Wut hat also eine Absicht, und sie ist auch eine Einladung; sie ist ein Teil der Realität, auf den ich die andere Person aufmerksam mache. Und für mich ist das wirklich eine faszinierende Art und Weise, wie man mit Emotionen arbeiten kann. Oder wenn man sich zum Beispiel Trauer und die Menschen, die in diesem Bereich arbeiten, anschaut. Eines der Dinge, die sie sagen, ist: »Du musst deine Trauer überwinden.« Statt es so zu sehen: Trauer bedeutet, dass die Trauernde zeigt, wie wichtig der Mensch, den sie verloren hat, für sie ist. Und die Trauer hält diesen Menschen am Leben, indem man über ihn redet. Das ist die Moral, die der Trauer innewohnt – warum sollte man sie also loswerden wollen? Warum nicht die Trauer fördern, und dann kann sie kommen und gehen, je nachdem, ob sie gerade wichtig ist?

Ich finde das wirklich faszinierend. Dieses ganze Thema, wie man auf eine wertschätzende Art und Weise mit den Lehrerinnen in den Schulen in Kontakt treten kann. Wir hatten eine Schule, deren Lehrerinnen uns fragten: »Könnt ihr uns helfen? Das Lehrerzimmer ist der negativste Raum der ganzen Schule.« Wir haben uns also ein paar Minuten darüber unterhalten und dann einen Plan gemacht: »Jedes Mal, wenn du das Lehrerzimmer betrittst, solltest du etwas Positives über die Klasse, in der du gerade unterrichtest hast, sagen.« Und es war wirklich faszinierend, wie die Lehrerinnen erzählten, wie sie beim Mittagessen saßen und sich dachten, wenn Lehrerin XY aus dem Unterricht kam: »Sie hat gerade die und die Klasse unterrichtet«, und wie sie dann fragten: »Was kannst du uns jetzt Positives über diese Klasse erzählen?« Und die Leute machten das. Und der andere Teil war, dass sie etwas Positives über die Klasse sagen sollten, in die sie gleich gehen würden. Und das lief auch so. Was die Lehrerinnen beschrieben, war sehr interessant für uns in Verbindung mit unserer Vorstellung von Emotion. Wenn sie beim Verlassen des Lehrerzimmers so etwas sagten wie: »Ich freue mich schon darauf, zu sehen, wie Kind XY weitergekommen ist«, dann fühlte sich das nicht besonders echt für sie an. Aber sie erzählten auch, dass sie dann beim Gehen in Richtung Klassenzimmer spürten, wie sich ihr Körper veränderte, und dass sie in der Klasse angekommen die Kinder mit anderen Augen sahen.

Wir können uns also, wenn wir mit Lehrerinnen und mit angehenden Lehrerinnen arbeiten, mit ziemlich kleinen Dingen beschäftigen und auf diese Art beginnen, uns anzuschauen, wie man eine andere Umgebung erzeugen kann. Zu dieser Vorstellung, dass Emotionen Ausdruck von Moral sind, möchte ich noch sagen: Dieses Setting beinhaltet, dass man nicht mit dieser alten Vorstellung arbeitet, man müsse seine Emotionen verarbeiten, sondern mit der Vorstellung: Wenn ich wütend bin, und mein Gegenüber gibt mir meine Würde zurück, dann hat die Wut ihre Funktion erfüllt und kann gehen.

Jesper Juul:
Ja, die Wut ist eine Einladungskarte.

Peter Lang:
Ja das stimmt. Wenn man also Emotionen als Einladungskarten sieht, verändert das komplett unsere Wahrnehmung, wie wir das, was in der Klasse abläuft, wertschätzen. Und wir können mit Lehrerinnen auf eine andere Art und Weise in Verbindung treten – wir können eine »Umgebung der Einladungskarten« erzeugen.

Jesper Juul:
Es ist interessant, dass du Wut erwähnst. Ich habe

festgestellt, dass im Umgang mit Kindern die sogenannte Aggression in ganz Europa zu einem riesigen Problem gemacht wird. Das hat natürlich damit zu tun, dass inzwischen hauptsächlich Frauen in diesem Bereich arbeiten. Mehr und mehr Leute, auch Professorinnen, reden über ein zwölfjähriges Kind und sagen so etwas wie: »Das Kind hat ein Aggressionsproblem.« Ich frage dann: »Was ist denn ein Aggressionsproblem?« » Ja, das Kind verliert oft die Beherrschung, es wird wütend, es schubst andere Kinder und so weiter.« Dann sage ich: »Okay, das Kind ist also wütend. Hat irgendjemand es mal gefragt, auf wen oder worüber es wütend ist?« Und das ist natürlich das, was du beschrieben hast: Was empfindet das Kind als Verletzung seiner Würde? Und darüber wird nicht wirklich nachgedacht, weil Aggression als ein Problem *an sich* gesehen wird. Wir sind also auch wieder bei diesem Positiv-Negativ-Denken: Es ist positiv, glücklich zu sein, und es ist negativ, wütend zu sein – was psychologisch gesehen einfach Quatsch ist. Und dieses Verarbeiten ist auch eine Sache von Beziehungen – das ist keine individuelle Angelegenheit. Du kannst nicht als Einzelperson deine Emotionen verarbeiten, das ist einfach nicht möglich, das geschieht innerhalb einer Beziehung.

Ich war allerdings etwas überrascht, als du über Trauer gesprochen hast. Ich habe die Psychologinnen und Psychotherapeutinnen, die sich sozusagen auf Trauer spezialisiert haben, oft als gute Beispiele hingestellt, denn das sind Menschen, die wissen, dass Trauer eine emotionale Reaktion ist, die manchmal für immer bleibt. Diese Leute müssen üben, mit Menschen zusammen zu sein, ohne deren Emotionen ändern zu wollen. Sie müssen anerkennen, was da ist, und sie sollten nicht sagen: »Also, rein statistisch wirst du in dreieinhalb Jahren darüber hinweg sein.« Sie müssen einfach dasitzen, ohne zu versuchen, ihr Gegenüber zu verändern. Aber natürlich habe ich auch schon von dieser Vorstellung gehört, dass man verarbeiten und darüber hinwegkommen und einfach weitermachen muss und dass Trauer kein Teil des Lebens sein kann – was Quatsch ist.

Ich möchte noch etwas über Integrität, Selbstgefühl und Selbstvertrauen erzählen. Ich habe lange mit persönlicher Integrität gearbeitet, die einer der Grundwerte in Familien und auch in anderen Kontexten ist. Und wir haben in der letzten Generation entdeckt, dass viele der Dinge, die wir als Eltern, Pädagoginnen und Lehrerinnen mit Kindern gemacht haben, eine ununterbrochene Verletzung ihrer persönlichen Integrität darstellten. Dann wiederum hat um die Zeit meiner Geburt niemand der persönlichen Integrität von Menschen auch nur Beachtung geschenkt. Wie sollten sie auch? Für mich ist das also ein Schlüsselwort – und man muss sehr vorsichtig sein und die Kinder fragen, wann *sie* das Gefühl haben, dass ihre persönliche Integrität verletzt wird. Denn viele Dinge, die wir aus Herzensgüte oder aufgrund der Klugheit unseres Gehirns tun, geschehen nicht mit böser Absicht – aber es fühlt sich so an. Es gibt einen dänischen Pädagogikforscher, der eine Studie durchgeführt und ein Buch über Kindergärten geschrieben hat, über die Frage, wie oft Erwachsene mit Kindern schimpfen. Und es war eine große Überraschung für ihn, als er entdeckte, dass achtzig Prozent der dänischen Kinder das Gefühl haben, dass in achtundsechzig Prozent ihrer Zeit mit Erwachsenen mit ihnen geschimpft wird. Die Erwachsenen haben das Gefühl, dass sie nur schimpfen, wenn sie sich ärgern oder wenn sie ihre Stimme erheben – Kinder wissen aber sehr genau, dass viele Dinge, die einfach gesagt werden, ihre Integrität verletzen. Sie können sich also sogar, wenn die Erwachsenen sie anlächeln, ausgeschimpft fühlen. Ich glaube, *das* ist sehr wichtig.

Und ich denke, der Kern dieses Themas ist, dass wir anzuerkennen beginnen, dass Selbstgefühl und Selbstvertrauen sehr, sehr unterschiedliche Qualitäten des Lebens sind und dass sie kaum miteinander in Verbindung stehen – vielleicht sogar überhaupt nicht. Auf jeden Fall gibt es nur sehr wenig Wechselwirkung zwischen den beiden. Ich sage manchmal, wenn Menschen sich dumm *fühlen,* können sie nicht lernen. Das gilt für Kinder ganz genauso wie für Erwachsene. Du kannst nur lernen, wenn du *weißt,* dass du dumm bist – was nicht ganz korrekt ist, gemeint ist eigentlich: Wenn du begreifst, dass es etwas gibt, das du nicht kannst und das du gern lernen würdest – dann kannst du es lernen. Wenn du dich dumm *fühlst,* kannst du nicht lernen. Es gibt viele brillante Menschen, die sich dumm fühlen, die sich falsch fühlen, und das blockiert ihre Lernfähigkeit. Ich erwarte nicht von Lehrerinnen oder Eltern, Psychologinnen oder Psychotherapeutinnen oder so zu werden. Ich erwarte nur von ihnen, dass sie anerkennen, dass Kinder das brauchen, wovon wir hier gerade gesprochen haben – Wertschätzung und so weiter –, damit sich ihr Selbstgefühl auf gesunde Art und Weise entwickelt. Und dann muss man gar nichts Besonderes tun, die Kinder werden es selbst entwickeln. Das ist die beste Basis, um zu lernen – und dann können sie auch noch Selbstvertrauen aufbauen. Dann können sie das beste Fußballteam werden oder so gut sein, wie sie wollen, beim Schreiben von Aufsätzen oder bei was auch immer. Und ich werde keine dieser beiden Qualitäten als wichtiger hinstellen als die andere – ich habe vor fünfzehn Jahren lediglich hervorgehoben, dass sie sich extrem voneinander unterscheiden und dass wir dem Selbstgefühl Beachtung schenken müssen.

Die Amerikanerinnen, von denen wir das Konzept in den frühen fünfziger Jahren übernommen haben, haben das in der Zwischenzeit auf den Kopf gestellt. Sie reden jetzt darüber, wie sehr Kinder Selbstgefühl brauchen, aber um dieses zu verbessern, füttern sie sie mit Lob. Das heißt, sie geben den Kindern, was die brauchen, um ihr *Selbstvertrauen* zu stärken, aber sie geben ihnen nicht das, was sie brauchen, um ihren Selbstwert zu stärken. Wir alle kennen dieses Loben – »Du bist phantastisch; du bist toll; ich bin so stolz auf dich, mein Sohn; das ist ja unglaublich ...« –, die Amerikanerinnen tun das die ganze Zeit. Und was sich daraus entwickelt, ist kein gesundes Selbstgefühl, sondern das, was sie ein aufgeblasenes Ego nennen. Kinder vertrauen ihren Eltern, also glauben sie wirklich, dass sie etwas Besonderes wären – »Ich *bin* etwas Besonderes.« Und wenn sie dann auf das wirkliche Leben treffen, und sie werden vom Leichtathletikteam ausgeschlossen, oder ihre erste Freundin macht

Schluss oder was auch immer – dann explodieren sie vor Wut. Und die kann sich entweder selbstmörderisch oder mörderisch ausdrücken; dafür haben wir ja viele Beispiele gesehen. Diese Kinder fühlen sich betrogen, und sie *sind* auch betrogen *worden*. Wenn man aber zu den Leuten geht, die an Verhaltensänderung glauben, dann werden sie sagen: »Das ist der Schlüssel, lobe Kinder, wenn sie etwas gut machen, und wenn sie etwas nicht gut machen, dann ignoriere sie einfach.« Früher haben sie gesagt, man solle die Kinder kritisieren, heute sagen sie, man solle sie ignorieren. Und Lob hilft, das stimmt schon, denn obwohl Kinder über große Kompetenz verfügen, sind sie doch auch sehr unerfahren. Deshalb mögen sie es wirklich, wenn sie gelobt werden – Lob setzt, wenn es um die neurologische Ebene geht, Endorphine frei, wie beim Laufen oder beim Powershopping oder so; man wird also auf gewisse Weise davon abhängig. Das Problem ist aber, während du das ganze Lob, das du von außen bekommst, genießt, verlierst du das Gefühl für dich selbst. Wenn wir uns Kinder heute anschauen, ist, glaube ich das Charakteristische bei ihnen, dass zu viele von ihnen, *außerhalb* ihrer selbst sind. Und sie scheinen nicht in der Lage zu sein, in sich selbst zu sein. Das macht natürlich auch Lehrerinnen das Leben schwer, denn sie haben mit Kindern zu tun, die wie ein Sack Flöhe sind.

Wir müssen da nichts Neues erfinden, denn wir wissen längst, was die Entwicklung von Selbstgefühl bei Kindern fördert – wir sprechen schon seit fast zwei Stunden darüber. Und wir wissen, dass Kinder entsprechend reagieren, wenn wir ihr Selbstgefühl fördern. Sie werden nicht egozentrisch oder egomanisch werden – oder was hier auch immer die Ängste sind. Wir haben also das ganze Wissen, wir müssen es nur einsetzen.

Peter Lang:

Ich würde gern einen Punkt, der mich sehr interessiert, ein Stück zurückverfolgen: das Respektieren der Integrität der Menschen. Ich fände es interessant, ein paar Beispiele zu hören, wann Menschen das Gefühl hatten, dass ihre Integrität respektiert wurde. Integrität ist ein schwer fassbares Wort, vielleicht hast du ein paar Beispiele.

Jesper Juul:

Wenn ich von Integrität spreche, spreche ich davon in einer ganz einfachen Art und Weise: Meine persönliche Integrität sind meine persönlichen Grenzen und meine Bedürfnisse. Wenn Kinder und Erwachsene in einen Raum kommen und erleben, dass es okay ist, die Person zu sein, die sie sind, dann werden sie sehr sozial, sehr kooperativ. Und sie merken auch, wie sie sich verändern. Vielleicht haben sie andere Grenzen als andere Menschen, vielleicht haben sie besondere Bedürfnisse, aber der Ausgangspunkt lautet: Es ist okay, hier zu sein. Ich erlebe das vor allem mit Lehrerinnen. Lehrerinnen, die in ihrer Arbeit Probleme haben, erleben täglich fünfhundertmal, dass ihre persönliche Integrität verletzt wird – durch Kinder, durch Eltern und so weiter. Und wenn sie am Ende zusammenbrechen und sich denken, dass sie diesen Job gar nicht machen sollten, und wir dann anfangen, mit ihnen zu arbeiten, sagen wir ihnen: »Du hast dieses Recht. Du hast das Recht, deine eigenen Grenzen zu haben. Aber du musst dir selbst Respekt entgegenbringen, bevor du Respekt von anderen erwarten kannst. Es ist okay, wenn du deine Grenzen Ernst nimmst.« Sehr viele junge Lehrerinnen schauen mich dann an und fragen: »Ist das erlaubt?« Und ich sage: »Natürlich ist es das!« »Heißt das, dass ich auch wütend sein kann?« »Natürlich kannst du wütend sein. Natürlich kannst du sagen: ‚Das geht nicht, keine Chance! Dieses Verhalten akzeptiere ich nicht!‘ Du kannst deine Grenzen verteidigen oder festsetzen – so viel du willst. Was du dabei nicht tun darfst, ist dein Gegenüber falsch zu machen! Das ist nicht erlaubt, weil du damit seine Integrität verletzen würdest. Aber deine eigenen Grenzen kannst du festsetzen und verteidigen.« Und man kann sehen, wie viel Energie es Lehrerinnen gibt, wenn sie in ein Klassenzimmer gehen und sagen können: »Ich habe jetzt das Recht, nicht ein Opfer von Kindern oder Eltern zu werden!« (Es ist wirklich nicht immer leicht, wenn man als Lehrerin mit Eltern zu tun hat.)

In meiner Laufbahn begann das vor fünfunddreißig Jahren mit der ersten Generation von Frauen, die Gleichberechtigung und dann auch Gleich*würdigkeit* forderten. Diese Vorstellung, dass es auch für Frauen okay ist, eigene Grenzen zu haben – im Gegensatz dazu, einfach offen und gebend und liebend zu sein und missbraucht zu werden –, ging dann auf die Kinder über und dann auf die Lehrerinnen. Ich habe in den achtziger Jahren ein Buch geschrieben, »Ein Apfel für den Lehrer«, in dem ich ein Motto für die Schulentwicklung vorgeschlagen habe: Wir wollen jetzt Schulen für die Lehrerinnen machen! Denn ich glaube wirklich, dass wir uns viel besser um die Lehrerinnen kümmern müssen, als wir es jetzt tun. Wir müssen sie nicht nur ausbilden, sondern wir müssen sie hätscheln, wir müssen sie zu wirklich zufriedenen Menschen machen. Ansonsten werden unsere Kinder nicht gern in die Schule gehen – wie soll eine Familie funktionieren, wenn die Eltern die ganze Zeit unglücklich sind? Wir müssen das tun! Und ich weiß, dass ich dafür Schläge kassiere, denn es ist so leicht zu sagen: »Wir müssen gut zu den Kindern sein, denn sie sind die Zukunft des Landes.« Ja, das stimmt – aber dann behandelt die Erwachsenen, die Lehrerinnen, bitte anständig. Die Politikerinnen sollten das tun; Lehrerinnen sollten anständige Gehälter, Ausbildungen, Trainings und so weiter bekommen. Und ich denke wirklich, dass die Lehrerinnen das brauchen, damit sie das, was sie den Kindern geben sollen, auch selbst erleben können. Wie sonst sollten sie das können? Der andere Grund ist: Sie verdienen es einfach.

Peter Lang:

Ich habe noch einmal über diese Auffassung von Integrität nachgedacht und mich an ein paar gute Ideen des amerikanischen Philosophen John Dewey erinnert, der sagt: Moral erwächst aus der Fähigkeit, sich in den anderen hineinversetzen und die Dinge auch aus seiner Perspektive sehen zu können, statt nur aus deiner eigenen. Und ich finde, dass das etwas ist, das Lehrerinnen großartig machen im Umgang mit Schülerinnen. Wenn sie zu Schülerinnen sagen: »Wie würdest du das sehen, was würdest du sagen, wenn du der andere Schüler wärst?« Und das könnte ein spannender Teil davon sein, die Situation für Lehrerinnen weiterzuentwickeln. Wenn die Leute in der Situation der Lehrerinnen wären – wie würden sie das sehen und beschreiben? Man könnte das vielleicht sogar im Unterricht tun.

Jesper Juul:

Ja, ich habe so etwas schon gemacht, und damit sind wir auch wieder bei deiner Frage zur Beziehungskompetenz. Wenn man nämlich zu sechs- bis zwölfjährigen Kindern geht, in einer sogenannten »unmöglichen« Klasse, in der die Lernumgebung nicht funktioniert, dann wird man fast immer entdecken, dass die Kinder die Situation auf sehr intelligente Weise analysieren. Sie wissen, was falsch läuft, und sie wissen, was getan werden müsste. Aber sie haben nicht die Macht und das Wissen, die nötig sind, um das zu tun. Sie brauchen also die Erwachsenen, die die Führung übernehmen – und nicht nach dem Motto: »Okay, Kinder wir sind uns alle einig, dass ihr ruhiger sein solltet. Lasst uns diesen Vertrag unterschreiben, und ab morgen sind wir alle ruhig.« Das funktioniert nicht. Da reden wir dann über Beziehungskompetenz: Wie macht man das? Wie übernimmt man Führung? Ich beschreibe Führung manchmal als einen Leuchtturm. Du musst relativ klare und regelmäßige Signale aussenden, damit Kinder lernen, auf hoher See zu navigieren und zurechtzukommen. Und wenn Lehrerinnen über Unterricht sprechen, hört sich das sehr oft so an, als wären die Kinder der Leuchtturm. Als würden sie sagen: »Aber was soll ich denn machen, die Kinder *sind* so und so, und deshalb muss ich so und so handeln.«

Und Eltern tun das auch. In Skandinavien haben wir den Begriff »Curling-Eltern«.[1] Das sind die Eltern, die nicht wollen, dass ihre Kinder irgendwelche Erfahrungen machen – dass sie vor allem keine Probleme, kein Unglück, keine Schmerzen und so weiter kennenlernen. Was also mit diesen Eltern passiert, ist: Sie machen ihre Kinder zu Leuchttürmen, und die Erwachsenen sind draußen auf hoher See und versuchen zu manövrieren. Natürlich sind Kinder sehr kompetent – sie haben aber nicht die Erfahrung, sie haben nicht den Überblick, sie haben nicht die Art von Intelligenz, die mit der Reife kommt. Sie können das also nicht. Und alle fragen sich heute, in der Industrie, an den Universitäten, in den Familien: Wie können wir Führung gewährleisten, die die Integrität der Individuen, die wir führen, nicht verletzt? Und bis heute kommen die Worte, die wir heute gewechselt haben, der Beantwortung dieser Frage am nächsten.

Peter Lang:

Ich habe gerade an eine Kollegin gedacht, die in einer Schule arbeitete. Sie hatte dort mit den Lehrerinnen etwas entwickelt, das sie Wunsch-Runden nannten. Die Kinder können jederzeit eine Wunsch-Runde einberufen – wenn also etwas geschieht, das für sie

1 Diese scherzhafte Bezeichnung wurde durch die Sportart Curling inspiriert, die dem Boule-Spiel ähnelt, jedoch auf dem Eis und mit großen, schweren Steinen anstelle von Eisenkugeln gespielt wird. Damit der Stein die gewünschte Schnelligkeit und Richtung bekommt, rennen zwei Spieler mit ihm mit und wischen alle Hindernisse weg, die ihn auf seinem Weg zum Ziel verlangsamen oder von der Richtung abbringen könnten. In dieser Metapher ist das Kind der Stein, und die Eltern wischen vor ihm den Weg frei.

nicht passt, bitten sie um eine Wunsch-Runde. Alle Kinder setzen sich in eine Runde und sagen reihum, was für sie gut ist und was sie sich wünschen. Und das funktioniert sehr gut. Aber vor kurzem hatten sie eine Situation, wo ein Kind nichts sagen wollte. Es hat nur »Ich hasse Wunsch-Runden!« auf einen Zettel geschrieben und diesen auf den Tisch der Lehrerin gelegt. Sie hatten dann eine Diskussion darüber, und die Botschaft des Kindes lautete: »Diese Runden zwingen mich, über Dinge zu reden, über die ich nicht reden will. Auf diese Art wird meine Integrität aufgehoben.« Die Lehrerin ging auf wirklich kreative Art und Weise damit um; sie nahm das auf und besprach mit dem Kind, ob es das der ganzen Gruppe erzählen wollte, und das Kind sagte: »Ich will das jetzt in einer der Wunsch-Runden, bei der die Eltern dabei sind, erzählen.« Und so machten sie es, und das eröffnete ein ganz neues Gespräch. Die Integrität von Menschen zu respektieren, bedeutet also, sich solche Details anzuschauen, statt einfach nur davon auszugehen, dass etwas funktioniert.

Jesper Juul:
Das bedeutet auch, dass wir – als eine Schlussfolgerung aus dem Verhalten des Kindes und der Lehrerin – irgendwie mehr Nuancen in die Schulkultur bringen müssen. An der Schule herrscht ja eine sehr kollektive Kultur vor, jeder muss gleichzeitig dasselbe tun. Wir sehen so etwas ja auch bei Erwachsenen; wenn in einer Runde gesagt wird: »Wir möchten, dass du uns etwas von Bedeutung über dich selbst erzählst«, gibt es immer zwei oder drei, die sagen: »Ich weiß nicht, was ich sagen soll«, oder: »Ich fühle mich jetzt noch

nicht wohl dabei, etwas zu sagen.« Wenn wir dann sagen würden: »Also, hier machen wir aber alle dasselbe!« – dann würden wir sehr bald keine Kunden mehr haben.

Peter, wir hätten uns vor zwanzig Jahren treffen sollen!

Peter Lang:
Ja!

Die Entwicklung von Familienberatung und Familientherapie als berufsübergreifenden Methoden

Nach einem Interview (2017) von Dr. phil Claus Koch, Leiter des »Pädagogischen Instituts Berlin« (PIB) und früherer Verlagsleiter des Beltz Verlages mit Jesper Juul.

Anmerkung der Übersetzerin und des Herausgebers

Wir haben uns entschieden, in diesem Text durchgängig die weibliche Form zu verwenden, wenn allgemein von Personengruppen die Rede ist. Natürlich sind in diesen Fällen immer alle Geschlechter gemeint. In einigen Fällen haben wir auf die Schreibweise mit dem Binnen-I (z. B. SeminarleiterInnen) zurückgegriffen, so zum Beispiel, wenn Jesper Juul Teil einer ansonsten unbestimmten Personengruppe war.

Einleitung

Dieses Interview wurde unter anderem deshalb geführt, weil ich oft frustriert (mit anderen Worten traurig und wütend) werde, wenn ich lese, dass ich die Methodik entwickelt hätte, die seit 1979 in Dänemark (The Kempler Institute of Scandinavia, heute dfti.dk) und seit vielen Jahren auch in Berlin (ddif.de), in Innsbruck (igfb.at), in Deutschland (familylab.de) und in Göteborg (Family-Lab.se) angewandt wird, um Fachleute in den Bereichen Familientherapie und Familienberatung weiterzubilden.

Tatsache ist, dass ich 1988 ein Handbuch für Familienberaterinnen geschrieben habe. Es gab damals kaum Bücher, die die Bedürfnisse der Tausenden von Erzieherinnen und Sozialarbeiterinnen adressierten. Mein Buch war als Entwurf gedacht; das Buch und die Qualifikation selbst wurden von einer großen Gruppe von Lehrerinnen, Supervisorinnen und Seminar-Teilnehmerinnen weiterentwickelt. Dabei gebührt den Seminar-Teilnehmerinnen viel Anerkennung, denn die meisten von ihnen waren erfahrene Fachleute – Lehrerinnen, Sozialarbeiterinnen, Pädagoginnen und andere –, die ihre Erfahrungen aus Tausenden von Beratungssituationen mit Eltern und Familien mit einbrachten. Mit meinem Buch lieferte ich das Knochengerüst, und sie fügten im Rahmen zahlreicher Gespräche, Diskussionen und Dialoge all das Fleisch und all die Organe hinzu. Mit dem folgenden Text hoffe ich, deutlich zu machen, dass nicht mir als Einzelperson die ganze Ehre gebührt.

Behandlingshjemmet Bøgholt in Aarhus, 1972 bis 1978

Der Geburtsort der »Gleichwürdigkeit«

Bøgholt war eine Institution für straffällig gewordene Jugendliche, die von den Sozialbehörden aus ihren Elternhäusern genommen worden waren. Die Kinder sollten sechs bis zwölf Monate im Heim verbringen; dort sollte ihre Motivation, sich den Regeln und Vorschriften von Gesellschaft und Eltern besser anzupassen, verbessert werden. Einige von uns – wir waren als SozialpädagogInnen tätig – baten darum, die Eltern unserer neun- bis sechszehnjährigen Jungen und Mädchen miteinzubeziehen.

Ich hatte den amerikanischen Psychiater Dr. Walter Kempler[1] im Rahmen eines einwöchigen Workshops kennengelernt und war fasziniert davon, wie er die destruktiven Dynamiken innerhalb jeder Familie bearbeitete und beschrieb. Was mich auch faszinierte, war, wie er den Eltern einige sehr klare Vorschläge präsentierte, wie sie ihr Familienleben verbessern konnten – das beinhaltete die Art und Weise, wie sie mit zwischenmenschlichen Konflikten umgingen. Wir hatten alle schon von »gesellschaftlichem Erbe« gehört, aber Kempler umgrenzte etwas, das ich mit der Zeit als »psychoemotionales Erbe« bezeichnete und das für die soziale Arbeit mit ihrem einseitigen Fokus auf »sozioökonomische Bedingungen« das fehlende Verbindungsstück war.

In Bøgholt traf ich mich mit den Eltern und Geschwistern unserer Klientinnen, mit dem Ziel, ge-

---

1 Dr. Walter Kempler arbeitete zunächst als Allgemeinarzt im Amerikanischen Mittelwesten. Bei dieser Arbeit entdeckte er den Wert und die therapeutische Wirkung, die es hatte, wenn er die Ehepartner und Kinder seiner Patientinnen einlud, um zu verstehen, was hinter den aktuellen Symptomen und Diagnosen lag. Nach einigen Jahren zog er zurück nach Los Angeles und spezialisierte sich auf die Psychiatrie – er wurde erst Patient und später Co-Therapeut von Dr. Fritz Perls, dem Gründer der Gestalttherapie.

meinsam herauszufinden, was schief gelaufen war. Wir wussten alle, dass es kein Mangel an gegenseitiger Liebe war – aber was war es dann? Und war es jetzt zu spät, oder konnte man noch etwas ändern?

Diese Eltern lebten in einer Zeit, als alternative Wege, Kinder großzuziehen, noch kein Thema waren. Es gab die durchschnittliche dänische Art, die aus einseitiger Kommunikation bestand und die mit *Regeln, Grenzen* und *Konsequenzen* versetzt war. Wenn das nicht funktionierte, musste etwas mit dem (bösen) Kind falsch sein, um welches sich dann professionelle oder semiprofessionelle Fachleute kümmern mussten. Diese handelten nach einer ähnlich primitiven Logik: Wir setzen die Regeln fest, von denen wir denken, dass sie für dich am besten sind, und wenn du nicht gehorchst, wählen wir eine Strafe für dich (»Konsequenz« genannt).

Wenn ich die Eltern zu einem »Familiengespräch« einlud, stellten sie immer die gleiche Frage: »Wir haben immer alles so gemacht, wie es die anderen Leute machen, aber was haben wir falsch gemacht?« Das führte uns direkt zu dem existentiellen Problem sowohl in ihrer eigenen Familie als auch in ihrer Ursprungsfamilie. Das heißt, wir alle – die Familienberater, die Eltern und das Kind/die Kinder – waren an der gleichen Antwort interessiert.

Sehr schnell wurde mir klar, dass es nicht darum ging, was sie taten, sondern wie sie es taten. Fast gleichzeitig tauchte eine zweite Frage auf: *Warum* haben wir getan, was wir getan haben? Oder mit anderen Worten: Was waren die Werte und die moralischen und ideologischen Leitlinien, nach denen wir gehandelt haben? Diese Fragen brauchten manchmal mehrere Treffen, um sie zu beantworten, und die Antworten waren oft für die Eltern genauso überraschend und ungemütlich wie für die Kinder. Meistens lief es hinaus auf eine Version von »ich habe meine eigene Mutter/meinen eigenen Vater kopiert«.

Diesen Eltern wurde von Fachleuten oft erklärt, ihr Fehler sei, dass sie im Umgang mit ihrem Kind *inkonsequent* gewesen wären. Sie hätten Regeln formuliert, diese dann aber nicht durchgezogen, wenn es an den Punkt Konsequenzen/Bestrafung gekommen wäre.

Immer mehr von ihnen hatten begonnen, die Art und Weise, wie frühere Generationen ihre Kinder bestraft hatten, in Frage zu stellen: körperliche Züchtigung mit Schlagen direkt ins Gesicht oder auf das Hinterteil. Gemeinsam erkannten wir, dass das wahre Übel darin lag, dass sie *inkonsistent* gewesen waren – dass also ihre Werte und ihr Verhalten nicht miteinander harmonierten. Es gibt Millionen von Familien mit sehr unterschiedlichen Werten. Diese hängen teilweise von ihrer eigenen, persönlichen Geschichte ab, doch in den späten Sechzigern und in den Siebzigern begannen viele Menschen, nach Alternativen zu suchen. Die politische anti-autoritäre Bewegung dieser Zeit hat viele Tabus im Zusammenhang mit Konflikten zwischen Männern und Frauen erfolgreich aufgebrochen. Meine eigene Generation glaubte, dass physische Gewalt zwischen Männern und Frauen ein No-Go war, und hatte eine vage Idee davon, wie man Sprache statt Fäusten benutzen könnte – doch sie lernte nie die richtigen Worte. Innerhalb weniger Jahre entwickelten wir ein psychotherapeutisch inspiriertes Geplapper und einen gewissen Tonfall sowie eine Art von Schweigen, die genauso verletzend sein konnten. Es gab längere Phasen des Schweigens, abgewechselt von stundenlangem semi-psychologischen Geplapper. Frauen zogen Letzteres meist dem Schweigen vor, während viele Männer es hassten, weil es unproduktiv war oder ihnen das Gefühl sprachlicher Unterlegenheit gab.

Gemeinsam mit diesen Eltern lernte ich, genau zu bestimmen, welche ihrer Werte und ihrer konkreten Verhaltensweisen produktiv und welche destruktiv waren, und im Laufe der Jahre wurde mir klar, dass die Werte und Verhaltensweisen von Eltern anderer Kulturen auf die gleiche Art und Weise bestimmt werden konnten. Auch innerhalb eines Landes unterschieden sich Regeln und Traditionen von einem Teil des Landes zum anderen.

In diesem Zusammenhang wurden jedes Elternpaar und ich gemeinsam zu dem entscheidenden Forscherteam bei der Entschlüsselung und dem Verstehen der Phänomenologie ihrer jeweiligen Familie. Ich bat immer das Kind/die Kinder, mit dabei zu sein, weil wir vielleicht ihren Input – verbal oder nonverbal – bräuchten, was tatsächlich oft der Fall war. Ein Nebenprodukt dabei war die Erleichterung der Kinder, wenn sie erlebten, wie wertvoll ihre Ansichten und ihre Erinnerungen für uns Erwachsene waren. Das hat oft Tonnen von Schuld von ihren Schultern genommen, so dass es im Alltag viel einfacher war, mit ihnen zusammenzuarbeiten – in den Schulen oder anderen Institutionen und auch in den Pausen zwischen den Treffen.

Alleinerziehende Mütter, 1973 bis 1993

Eine reiche Quelle der Inspiration und des Lernens
Persönliche Integrität und Verantwortung

Das Sozialamt in Aarhus lud meine zwei Kollegen aus Bøgholt und mich ein, ein Projekt für alleinerziehende Mütter zu entwickeln und zu starten. Die Mütter waren zwischen achtzehn und fünfundvierzig Jahre alt und hatten im Durchschnitt zwei bis fünf Kindern mit zwei bis drei verschiedenen Männern. Sie waren arbeitslos, die meisten von ihnen waren von alleinerziehenden Müttern aufgezogen worden und meist hatten sie nur fünf bis acht Jahre elementare Schulbildung genossen. Der Großteil von ihnen war vom Sozialsystem als »Verliererinnen der zweiten Generation« und von ihren Lehrerinnen als faul ausgesondert und abgestempelt worden. Zu jenem Zeitpunkt hatten wir alle drei unsere therapeutischen Erfahrungen mit Seminargruppen für Fachleute gemacht, und wir wussten, dass es selbst für hochmotivierte und gebildete Fachleute normalerweise zwei bis fünf Jahre Psychotherapie brauchte, um selbstzerstörerische Verhaltensweisen erfolgreich in konstruktivere umzuwandeln. Erfolgreiche und nachhaltige Veränderung war das Ergebnis von Timing, von intensiver Einzel- und auch Gruppentherapie und von langen Perioden, in denen »nur« gearbeitet, gelernt und gelebt wurde.

Das führte zu einer Struktur, bei der den Frauen und Müttern ein Paket für ihre persönliche Entwicklung angeboten wurde; dieses bestand aus drei Monaten intensiver »Tagesschule«, von 9:00 bis 15:00 Uhr an allen Werktagen; drei Monaten intensiver Schule/ intensiven Lernens und einem Monat optionalem Follow-up in ihrer alten Gruppe. Eine unserer Bedingungen war, dass ihre Einzelfallhelferinnen bei einer monatlichen Besprechung dabei waren. Bei dieser Besprechung waren deren Klientinnen, zwei von uns und oft einige der pädagogischen Leitungskräfte der Betreuungseinrichtungen der Kinder und/oder Pflegeltern anwesend – faktisch das wichtigste fachliche Netzwerk der Frauen. Das war natürlich sehr hilfreich und lehrreich für uns – und auch für alle anderen, sobald sie ihre Angst, ihr fachliches Verhalten in der Öffentlichkeit zu zeigen, überwunden hatten.

Bei der Arbeit mit dieser Gruppe von Frauen (und manchmal ihren Partnern) mussten wir dringend eine Sprache entwickeln, die sowohl professionell als auch verständlich für sie war. Beispiele sind: der Unterschied zwischen Gleichheit und Gleichwürdigkeit, zwischen der üblichen didaktischen Sprache und einer persönlichen Sprache, zwischen für die Kinder kochen und mit den Kindern essen als Ausdruck von Liebe (und nicht nur als unangenehme Pflicht). All das und mehr waren Mittel, Bindung zu Kindern aufzubauen.

Das alles erforderte von uns, dass wir genau wie unsere Klientinnen offen für gegenseitiges, erfahrungsbasiertes Lernen waren, und für uns (drei Fachleute) wurde das zu einer reichen Quelle, die uns mit der richtigen Art von Feedback versorgte. Das professionelle Konzept des »Feedbacks« ist ein Beispiel dafür, wie wichtig es ist, eine gemeinsame Sprache zu haben. Unsere Klientinnen verstanden das Wort einfach nicht, und eines Tages, als ich mich abmühte, es ihnen zu erklären, unterbrach mich eine von ihnen und sagte: »Oh, jetzt verstehe ich. Ihr wollt wissen, was wir auf dem Nachhauseweg im Bus über euch reden.« »Ja, danke! Das ist genau das, was wir gern hätten. Das ist es, was uns besser macht." Für die Teilnehmerinnen war das eine Offenbarung, weil sie geglaubt hatten, dass wir alle wussten, was wir taten, und dass wir uns nie – wie sie – unsicher fühlten. Wieder einmal demonstrierten persönliche Sprache und Gleichwürdigkeit ihre enorme Kraft in Bezug auf den Aufbau von guten Arbeitsbeziehungen. Sie machten persönliches und professionelles Wachstum möglich.

Diese Frauen waren alle Opfer von Misshandlung und Vernachlässigung. Für einige von ihnen war das einfach eine Tatsache – etwas, das vor vielen Jahren oder gestern Abend geschehen war. Man kann ein faktisches Opfer sein, ohne eine Opfer-Identität anzunehmen, doch die meisten von ihnen wurden nie ermutigt, diese Unterscheidung zu treffen. Sie wurden Opfer in den Beziehungen zu ihren Kindern, Partnern, Eltern, Sozialarbeiterinnen und zu uns, und aus diesem Grund mussten sie sich ihrer eigenen Grenzen bewusst werden, sie in Worte fassen und für sich selbst einstehen. Es brauchte Wochen, um ihre persönlichen Grenzen von dem zu trennen, was in der Gesellschaft als »normal« gesehen wurde, und dieser

Prozess wurde begleitet von der allgegenwärtigen Frage: »Werden andere Menschen mich noch lieben oder auch nur mögen, wenn ich meine eigenen Grenzen ernstnehme?«

Für uns als Therapeuten und Therapeutinnen bestand die Herausforderung natürlich darin, persönliche, individuelle Grenzen von moralischen, kulturellen und ethischen Grenzen zu trennen und auch darin, zu unterscheiden: Wann stimmt man einem Kompromiss zu, und wann kompromittiert man sich selbst. Beides waren in den Beziehungen der Frauen zu ihren Kindern, Eltern und Partnern täglich akute Fragen.

Später nahm ich es auf mich, eine dänischere und sozialverträglichere therapeutische Sprache zu entwickeln. Das war teilweise angetrieben von einer anderen Ambition von mir: die Entdeckungen der Familientherapie einer breiten Öffentlichkeit zugänglich zu machen und auch einen neuen Berufszweig zu schaffen – Familienberatung –, von dem ich glaubte, dass er ein wertvolles Werkzeug für Pädagoginnen, Lehrerinnen, Familienpflegerinnen und Schulpsychologinnen sein würde. Diese Fachleute verbrachten etliche Stunden im Gespräch mit Eltern, doch sie hatten kaum je das Gefühl, damit erfolgreich zu sein. Oft schafften sie es, gute Stimmung zu erzeugen, doch sie hatten nur selten den Eindruck, dass ihre Interventionen zu einer wirklichen Veränderung im Umgang der Eltern mit ihren Kindern führte.

1992 habe ich für Pädagogen ein Handbuch zum Thema Familienberatung geschrieben. Dieses Buch und das zweijährige Weiterbildungsprogramm wurde von Fachleuten und ihren Arbeitgebern übernommen und ist auch heute noch Teil des Lehrplans. In dem Buch habe ich Familienberatung als einen Beruf definiert, der mindestens drei bis vier Jahre Unterricht, Training und Supervision erfordert – das vor allem, weil die Rolle von Familienberaterinnen darin besteht, Eltern beziehungsweise Lebenspartnerinnen mit deren Verhalten zu konfrontieren, also zu zeigen, inwiefern dieses destruktiv, aber auch konstruktiv für Partnerin, Beziehung und involvierte Kinder ist.

Was ich in ganz Europa gesehen habe, ist, dass Pädagoginnen, Lehrerinnen, Sozialarbeiterinnen und ihre Klientinnen einen wesentlich größeren Bedarf an Familienberatung hatten, insbesondere weil der nächste Schritt der Gang zur Psychologin gewesen wäre. Damals wussten nur sehr wenige Psychologinnen etwas von der Familie als phänomenologischem System. Hinzu kam, dass ihr Beruf in der breiten Öffentlichkeit nicht besonders angesehen war. Eltern reagierten abwehrend, wenn Sozialarbeiterinnen und andere Fachleute sie an Psychologinnen weiterleiten wollten. Für sie bedeutete es, dass ihr Kind »verrückt« sein musste, wenn eine Lehrerin ein Gespräch mit einer Schulpsychologin vorschlug. Unser Ziel war es, diese Fachleute so weiterzubilden, dass sie ihre Leistung verbesserten und einen persönlicheren Ansatz riskierten.

The Kempler Institute of Scandinavia, 1979 bis 2006

Persönliche Sprache, Dialog und Authentizität

Von Beginn an habe ich mich dem »Kempler Institute of Scandinavia« freiwillig als Aushängeschild zur Verfügung gestellt – zum Teil, weil ich dessen Leiter war, zum Teil, weil ich damals in den Achtzigern als Einziger bereit war, auf die Einladungen, die wir von Kindergärten, Schulen und so weiter erhielten, zu reagieren. Diese Leute wünschten sich jemanden aus dem Institut, der sie besuchte und sich mit den Pädagoginnen, Lehrerinnen, Eltern und Kindern über Familienleben unterhielt – darüber, wie man Konflikte mithilfe von Dialog löst und wer wofür die Verantwortung trägt. Damals wurden die Kinder oft von den Treffen, die sowohl ihr Verhalten als auch ihre Zukunft definierten, ausgeschlossen. Kindern und Jugendlichen wurde für alle Konflikte die Schuld gegeben – sowohl für große als auch für kleinere. Führung, so wurde angenommen, bestand aus: Festsetzen von Regeln, Untermauern von Grenzen und Verhängen von »Konsequenzen«, was weltweit der gängige Euphemismus für Bestrafungen war. So wurde ich kontinuierlich auf dem aktuellen Stand gehalten, mit was für einer Art von Konflikten die Eltern jener Tage beschäftigt waren.

Es gab eine festgelegte Hierarchie in Hinsicht darauf, wer über die »Definitionsmacht« verfügte. Fachleute hatten das Recht, Eltern zu definieren (als defensiv, aggressiv, kooperativ und so weiter). Eltern hatten das Recht, ihre Kinder zu definieren – aber nur solange, bis die Beziehung zwischen Kind und Fachfrau/ Fachleuten für diese so schwierig wurde, dass ihre Diagnose die der Eltern außer Kraft setzte. Wenn das keinem der Erwachsenen half – mit anderen Worten, wenn das das Verhalten des Kindes nicht änderte –, wurde das Kind manchmal an die Kinder- und Jugendpsychiatrie weitergeleitet, und deren Diagnose setzte die aller anderen außer Kraft. Es wurde eine Diagnose erstellt von der Gruppe von Fachleuten, die die wenigste Zeit mit dem Kind verbracht hatten. Diesen Leuten wurde die Macht verliehen, das Kind zu definieren beziehungsweise ihm eine Diagnose anzuhängen, die es den Rest seines Lebens begleiten würde. So etwas konnte Eltern und anderen erwachsenen Bezugspersonen eine Zeitlang Entspannung verschaffen, doch gelöst wurde dadurch überhaupt nichts. Wie das alles aus der subjektiven Sicht des Kindes heraus aussah, war völlig irrelevant.

Es war nie unser Ziel, die Schuld einfach von den Kindern auf die Erwachsenen zu schieben – stattdessen wollten wir deutlich machen:

• Die Qualität der Beziehung ist der entscheidende Faktor – nie eine einzelne Person. Diese Qualität hängt immer von den Werten der Eltern ab, sowie davon, wie diese von ihren eigenen Eltern gelernt haben, diese Werte in ihren Familien umzusetzen.

• Kinder sind (solange sie bei ihren Eltern leben) nicht in der Lage, die Verantwortung für die Qualität der Beziehung zu übernehmen, auch wenn ihnen diese Aufgabe oft überlassen wird, weil ihre Eltern aus vielen guten Gründen unfähig sind, diese Verantwortung zu übernehmen.

Was ich beobachtet habe, ist, dass die Skandinavierinnen auf Walter Kemplers sehr direkte Art und Weise, seine Klientinnen und Studentinnen zu konfrontieren, negativ reagierten. In unserer Kultur empfand man seine Art als »aggressiv«, was für Fachleute als nicht erlaubt galt – so wie auch die meisten anderen persönlichen Emotionen. Ein Großteil der Schülerinnen und auch der Klientinnen nahm Kemplers Aggression persönlich, was ihm sein Leben lang Kopfzerbrechen bereitete. Kemplers Stil unterschied sich sehr von meinem eigenen, so dass ich mich dafür entschied, eine dänische Version zu entwickeln. Diese war weniger dramatisch und auch weniger konfrontativ auf der emotionalen Ebene. Kempler selbst gefiel diese Entwicklung nicht.

Unser Stil bei der Familientherapie und Familienberatung wird von Beobachterinnen oft als »existentialistisch« beschrieben – mit Berufung auf die »Existentielle Psychotherapie«. Das machte für mich nie Sinn, bis ich erkannte, dass einiges an Einfluss aus meinen prägenden Jahren als Student an der Universität Aarhus daher stammte, dass ich die vollständigen Werke des dänischen Philosophen Søren Kierkegaard, des russischen Denkers und Schriftstellers Fjodor Dostojewski und des französischen Philosophen und Schriftstellers Jean Paul Sartre gelesen hatte. Sie alle definierten sich selbst als Existentialisten, oder sie standen für eine Denkart, die entweder durch Existentialismus geprägt war oder aber diesen prägte.

Ich teilte Jean Paul Sartres und Albert Camus' düstere und fast deprimierende Auffassung von Leben und Tod nicht, doch ihre Definition existentieller Einsamkeit machte großen Sinn für mich und mein eigenes Leben. In unserer therapeutischen Arbeit mit Paaren trafen wir oft Menschen (meist Frauen), die sich in der Beziehung zu ihren (Ehe-)Partnern einsam fühlten. Für viele von ihnen erwies es sich als hilfreich, den entscheidenden Unterschied zwischen *existentieller* Einsamkeit und *sozialer* Einsamkeit zu erleben. Es war eine Erleichterung für sie und auch für ihre Partner – in der Hinsicht, das beide sowohl ihre gegenseitigen Erwartungen als auch ihre Träume, wie eine »perfekte« Ehe auszusehen hat, anglichen.

Es gibt viele Erfahrungen im Leben, für die eine Liebesbeziehung der ideale Ort ist, um unsere Gefühle und auch unser intellektuelles Analysieren und Denken mit jemandem zu teilen und hilfreiches Feedback zu bekommen – sei es in Form von konkreten Vorschlägen, dem Mitteilen ähnlicher Erfahrungen oder einfach durch Umarmen und Händchenhalten. Die meisten von uns brauchen zehn bis fünfzehn Jahre erfahrungsbasierten Lernens beziehungsweise des Lernens durch Versuch und Irrtum mit der gleichen Partnerin, um hier das richtige Timing hinzubekommen.

Während dieser Jahre arbeitete ich viel in anderen Ländern, und so übernahmen meine Kolleginnen und verbesserten den Lehrplan und auch die Sprache und Methodik. Ich traf die Seminarleiterinnen einmal im Jahr, so dass wir uns gegenseitig über unsere Sichtweisen, unsere praktische Arbeit und unsere Entwicklung auf dem Laufenden halten konnten. Ich wurde in vielen Ländern immer wieder zu Vorführungen eingeladen, bei denen ich mit einer Familie auf der Bühne saß. Wenn die Eltern dann um Feedback gebeten wurde, sagten sie Dinge wie: »Du bist so anders als die Therapeutin, mit der wir normalerweise arbeiten. Es ist, als hättest du wirklich Interesse daran, wer wir sind, und du bist nie wertend. Du sprichst wie ein echter Mensch.« Bis dahin war mir nicht bewusst gewesen, dass es diesen Unterschied zu meinen dänischen, slowenischen, kroatischen, österreichischen und deutschen Kolleginnen gab. Einige dieser Kolleginnen waren deutlich verärgert über mich, weil mein Verhalten nach ihren Maßstäben unprofessionell war.

Im Kempler Institut begannen wir mit der dreijährigen Familientherapie-Weiterbildung, und zehn Jahre später ergänzten wir diese um eine zweijährige Weiterbildung im Bereich Familienberatung. Wir nannten beide *Trainings*-Programme, weil wir deutlich machen wollten, dass niemand eine gute Familientherapeutin oder Familienberaterin werden konnte, indem sie einfach 35 Tage im Jahr »zur Schule ging«. Mit anderen Worten, unsere Weiterbildungs-Programme waren kein *Unterricht* im akademischen Sinne des Wortes. Aus dem gleichen Grund nahmen wir in unseren Weiterbildungen nur Leute an, die in täglichem Kontakt mit Eltern standen.

Der Schlüsselbegriff bei beiden Weiterbildungen wurde »Gleichwürdigkeit« und dieses Wort und das daraus resultierende Verhalten öffneten eine Schatzkiste von bis dahin unbekannten therapeutischen Nutzen.

Viele Kolleginnen hat es inspiriert, uns bei der Arbeit mit Klientinnen zuzuschauen; andere fühlten sich provoziert und hatten das Gefühl, ich würde, indem ich nicht auf meiner Überlegenheit insistierte, unseren Berufsstand verraten – mit anderen Worten: gebildete und spezialisierte Expertin gegen unprofessionelles Elternteil. Diese allgemein übliche Haltung machte es ihnen leicht, den Klientinnen mit Zuschreibungen wie »passiv-aggressiv« und »Widerstand« die Schuld für erfolglose Beratungen und Therapiesitzungen zu geben. Ganz ähnlich hatten auch ihre Supervisorinnen die Neigung, den Fokus auf das Verhalten und/oder die persönliche Geschichte der Klientinnen zu legen. Die Auseinandersetzung mit solchen Haltungen hat letztendlich unsere Arbeit mit Familien und unsere Befähigung, Fachleuten »unseren Weg« zu vermitteln, verbessert.

Um es zusammenzufassen: Fachleute waren zu der Annahme geschult und ausgebildet worden, dass ihre eigene Persönlichkeit und ihre Art und Weise im Umgang mit Klientinnen keinerlei Einfluss auf das Ergebnis ihrer Arbeit hatte. »Professionell« zu sein bedeutete damals, eine »neutrale« Rolle einzunehmen.

Walter Kempler lehrte uns, persönlich zu sein und dass echte Objektivität nicht möglich war. Und da dies nach dem herrschenden Verständnis das größte Verbot war, mussten wir den Unterschied zwischen *persönlich* und *privat* kennen und anwenden können.

Psychotherapie – von der Psychoanalyse bis zur Gestalttherapie – betont, wie wichtig es ist, sich der Dynamiken innerhalb unserer Ursprungsfamilie bewusst zu sein und zu erkennen, welchen Einfluss diese auf unsere Persönlichkeit haben. Sie betont auch, das wir dies intellektuell und emotional verarbeiten müssen, um freien Zugang zu unserem wahren Potential zu bekommen. Kempler war der Ansicht, dass das »Hier und Jetzt«-Erleben in Beziehung zur Therapeutin, zur Partnerin und/oder zum Kind der Dreh- und Angelpunkt ist. Aus diesem Grund nannte er seinen Ansatz »erlebnisorientierte Familientherapie«. Letzteres (Arbeit in der Familie), weil unser tatsächliches Verhalten sich oft sehr von unserer Beschreibung desselben unterscheidet und weil der Einfluss dieses Verhaltens auf die anderen Familienmitglieder wiederum etwas anderes ist. Deshalb ist die Therapeutin nur, wenn alle Familienmitglieder im gleichen Raum anwesend sind, in der Lage, deren Verhalten zu beobachten und zu analysieren. Nur wenn eine Mutter oder eine Ehefrau alternative/neue Verhaltensweisen praktisch anwenden kann, kann sie die andersartigen Reaktionen des Kindes oder des Partners erleben. Das gleiche gilt für Gruppentherapie mit Menschen, die nicht in einer Liebesbeziehung leben.

Um unsere Prinzipien und unsere Arbeitsweise(n) zu entwickeln, mussten wir eine Struktur schaffen, die gegenseitiges Lernen ermöglichte. Das begann für uns mit einer schmerzhaften Lektion: Auf Gegenseitigkeit beruhender Austausch mit Kempler war nicht möglich. Zweifellos wollte und brauchte er ihn, aber in seinem Verhalten uns gegenüber schwang der Anspruch mit, uns immer »um eine Nasenlänge voraus« zu sein. Wir bildeten stattdessen eine Gruppe von Senior SeminarleiterInnen, die für das dreijährige Weiterbildungsprogramm verantwortlich waren. Ich gehörte zu dieser Gruppe, die sich drei mal drei Tage im Jahr traf, um unsere Arbeitsmethoden zu diskutieren und zu evaluieren. Da wir alle häufig als Co-SeminarleiterInnen arbeiteten, gab es eine Menge gemeinsame Erfahrungen und viele verschiedene Meinungen. Das war die ursprüngliche »Familien-Gruppe« für zwölf bis fünfzehn Senior SeminarleiterInnen. Über den Zeitraum von vielen Jahren starteten wir in Jütland und Kopenhagen jährlich vier bis sechs Gruppen. Da ich der Inhaber und »Boss« war, waren die anderen Senior-SeminarleiterInnen mir nicht gleichgestellt.

Eine weitere Gruppe war die »Beratungs-Gruppe«, für diejenigen, die mit Belegschaften in verschiedenen Arbeitsumfeldern arbeiteten: in Krankenhäusern, Kindergärten, Schulen, Pflegeheimen und so weiter. Sie arbeiteten mit Gruppendynamiken, entweder weil die jeweilige Leitung in einer Gruppe eine Krise erlebte oder um eine zukünftige Krise zu verhindern. Die Lehrinhalte wurden regelmäßig mit einer großen Bandbreite an Vorträgen über kindliche Entwicklung, Krisenintervention, elterliche Erziehung, erwachsene Führung und so weiter kombiniert. Ich war in dieser Gruppe ein Gast und wurde manchmal gebeten, bei der Lösung interner Konflikte zu helfen. Zu dieser

Zeit übernahmen sie drei Tage lang die Führung für ihre eigene Gruppe, was zwar hart war, aber auch ein sehr lehrreiches Training.

Die Ehre, unsere Werte und Methodik zur Welt gebracht und über die letzten vierzig Jahre aufgezogen zu haben, gebührt diesen Netzwerken. Ich nehme gern die Ehre an, sie in Büchern beschrieben zu haben.

Nützliche Links

The Kempler Institute of Scandinavia existiert nicht mehr. Seine Werte, Prinzipien und Methodik werden jetzt vom Dänischen Institut für Familientherapie (www.dfti.dk) gelehrt und praktiziert. Dieses Institut ist verantwortlich für drei- bis vierjährige Weiterbildungsprogramme in Aarhus und Kopenhagen, Dänemark.

Da Jesper Juul 2012 an einem chronischen neurologischen Leiden erkrankt ist, wurde familylab International an Familylab Association – eine internationale NGO mit Sitz in der Schweiz – übergeben (www.familylabassociation.com). Die Website bietet Informationen zu allen Ländern, in denen familylabs aktiv sind, sowie über die Bewerbungsbedingungen für neue Länder.

Auf Jesper Juuls eigener Website (www.jesperjuul.com) findet sich ein Überblick über seine internationalen Veröffentlichungen (http://www.jesperjuul.com/bibliography/books).

family/lab.de® – die familienwerkstatt

www.familylab.de
www.familylab.at
www.familylab.ch

familylab.de – die familienwerkstatt ist eine unabhängige Organisation, und die Adresse für Eltern, Lehrer, Mitarbeiter in Unternehmen, die eine solide Basis im Umgang miteinander finden wollen. Für Menschen, die gerne ihre eigenen Werte, im Dialog mit den Erfahrungen von Jesper Juul und familylab bezüglich Familienleben und Kindererziehung, entwickeln wollen.

In der *familienwerkstatt* sind wir Spezialisten darin, Vorträge und Seminare zu gestalten, in denen Eltern und professionelle Fachleute Anregungen und Ideen zu ihrer Arbeit finden können. Und um die bestmögliche Chemie innerhalb der Familie, zwischen Kindern und Erwachsenen, wie auch in Beziehungen innerhalb von Schulen und Betrieben, zu schaffen.

Zum einen haben wir den Wunsch, durch Vorträge, Seminare, Workshops, Symposien, Bücher, Artikel und Filme für Eltern und für Fachleute, die psychosoziale Gesundheit und das Wohlergehen der heutigen und zukünftigen Eltern und Kinder zu verbessern. Damit wollen wir die vielen unterschiedlichen Familien darin unterstützen, gesunde Beziehungen zu schaffen, ohne Gewalt und Missbrauch bei Kindern, Jugendlichen und Erwachsenen.

Zum anderen wollen wir durch öffentliche Bildung, Dialoge, Formulierung von Werten und dem Verbreiten von relevanten, wissenschaftlichen Erkenntnisse die Art und Weise beeinflussen, wie Männer und Frauen über ihre Familien denken und sie aufbauen. Ebenso wollen wir die Werte und das Verhalten in Kinderkrippen, Kindergärten und Schulen so beeinflussen, dass eine optimale Umgebung für ein gemeinsames, soziales, emotionales, kreatives und akademisches Lernen entsteht.

Unsere Vision sind Familien, Institutionen und Gesellschaften mit viel weniger Gewalt, Missbrauch, Sucht und Vernachlässigung. Wir wollen allen guten Willen, Liebe und Hingabe mobilisieren, innerhalb von Familien, Organisationen, wie auch in der Gesellschaft als Ganzem.

»Das Schlüsselwort heißt Beziehung. Ihre Qualität entscheidet über unser Wohlbefinden und unsere Entwicklung als Mensch. Kinder werden mit allen wesentlichen menschlichen Qualitäten geboren und haben daher auch dieselbe Verletzlichkeit und Überlebensfähigkeit wie Erwachsene. Eltern zu sein bedeutet, eine Rolle im Leben einzunehmen, die uns vor große Herausforderungen stellt. – Das sogenannte Problem oder Symptom ist nicht so wichtig. Wichtig ist die Person, die das Symptom trägt. Wir können das Problem nicht lösen, aber wir können Menschen darin unterstützen, destruktive Systeme, Perspektiven und Verhalten ins Konstruktive zu wandeln.« Jesper Juul